795
N

Uniform with this volume

COLLOQUIAL ARABIC
COLLOQUIAL CZECH
COLLOQUIAL FRENCH
COLLOQUIAL GERMAN
COLLOQUIAL HINDUSTANI
COLLOQUIAL HUNGARIAN
COLLOQUIAL ITALIAN
COLLOQUIAL PERSIAN
COLLOQUIAL PORTUGUESE
COLLOQUIAL RUMANIAN
COLLOQUIAL RUSSIAN
COLLOQUIAL SPANISH
COLLOQUIAL TURKISH

London and Henley
Routledge & Kegan Paul

Colloquial Portuguese has been put on tape by the
Tutor-Tape Company and is available from the office
at 2, Replingham Road, London S.W.18.
Telephone 01-870-4128

COLLOQUIAL
PORTUGUESE

By

MARIA EMÍLIA DE ALVELOS NAAR

M.A., University of Lisbon

LONDON: Routledge & Kegan Paul
NEW YORK: Dover Publications Inc

First published 1968
in Great Britain by
Routledge & Kegan Paul Limited

39 Store Street
London WC1E 7DD and
Broadway House, Newtown Road
Henley-on-Thames
Oxon RG9 1EN
and in the USA by
Dover Publications Inc
180 Varick Street
New York 10014
Second edition 1972
Third edition 1974
Fourth edition 1981
Reprinted in 1982

Library of Congress Catalog Card Number: 67–30490

UK ISBN 0 7100 7370 4 (c)
UK ISBN 0 7100 7450 6 (p)
USA ISBN 0 486 21924 0

Printed in Great Britain
By Unwin Brothers Limited
The Gresham Press, Old Woking, Surrey, England
A member of the Staples Printing Group

CONTENTS

PREFACE

Whenever I am introduced as a teacher of Portuguese, someone invariably remarks, 'Oh, from what I hear, Portuguese is a very difficult language.'

One of the objectives of this small book is to dispel this belief, but its main objective is to assist those choosing my country for a holiday or retirement and to help people with business dealings in Portugal.

Colloquial Portuguese is divided into three main parts: (1) Grammar, (2) Dialogues and Reading Practice, and (3) Phrase Book. In the grammar section, only essential points are dealt with, each lesson being accompanied by an exercise. General revision exercises are included in Appendix I. The dialogues, in idiomatic Portuguese (often with alternative words in brackets), are simple and direct, and each concerns a particular situation or topic. The reading practice is designed to give students an outline of the Portuguese and Brazilian personality, and an insight into our ideas about English people. Business, money, and commodities are the chief subjects covered in the phrase book.

I have also endeavoured to deal with the Portuguese spoken in Brazil, but owing to limitation of space, it has not been possible to treat this in any great detail.

By a careful and thorough study of the book, page by page, the student should acquire a sufficient knowledge of the language to be able to converse and participate in the Portuguese way of life during his stay in the country. Do not attempt to adapt English to Portuguese, but rather try to accept the Portuguese construction, as we foreigners have to accept the somewhat complicated idiomatic construction of the English language.

At the end of your studies, however, I sincerely hope that you will not find yourself in complete agreement with the comment of a former pupil: 'Portuguese is easy to read and write, not too difficult to speak—but almost impossible to understand!'

To conclude, I wish to express my appreciation for all the help I have received in the preparation of *Colloquial Portuguese*. In particular, I would like to thank Miss Leslie Stirling for her expert editing of the major part of the book; Miss Mercedes Accorci (São Paulo), who assisted with the Brazilian terminology, etc., and Drs. Raul and Maria Helena Feio (University of Lisbon), for their co-operation in revising and checking the accuracy of information, although full responsibility for any mistakes which may have occurred, is entirely my own.

Finally, my gratitude is due to the various authors and publishers who have given their kind permission for me to reproduce the excerpts appearing on pp. 114–15; 126–27; 141–42; 149–50.

M. E. A. N.

PRONUNCIATION

O português, ao lado do italiano, é
a mais melodiosa das línguas românicas.

Leopold Wagner (*Biblos*, Vol. XVI)

The Portuguese vowels are rather intricate, and not even the rules given below are always followed exactly. As it has been found by experience that many students are unfamiliar with the phonetic signs, they have not been applied here. Where it is considered necessary, the pronunciation is indicated by transcribing the words into English sounds. Rules of stressing are explained on page 11. As a guide, the stressed vowel is in **bold** type and this guidance should be followed by the beginner.

One of the major difficulties of the language, especially as spoken by the European Portuguese, is the constant linking of words and the dropping of letters. Only by practice can this be attained. Consequently, your first sentence in Portuguese might well be:

'Por favor, fale mais devagar.' (Please speak more slowly.)

The Vowels

A—three main sounds.

1. Open (similar to father):
   (*a*) with acute accent or stressed syllable—

   > **á**tomo = *atom*
   > par**a**da = *parade*

   (*b*) plus l—

   > alt**u**ra = *height*

2. Closed (similar to idea):
   (*a*) with a circumflex or unstressed syllable—

   > l**â**mina = *blade*
   > cad**e**rno = *exercise book*

(*b*) at the end—

> a perna = *the leg*
> Maria = *Mary*

(*c*) followed by a syllable starting with **m**, **n**, or **nh**—

> pijama = *pyjama*
> engano = *mistake*
> banho (banyoo) = *bath*

3. Slightly nasal:
   (*a*) with a 'til' (˜) or before **m** or **n** belonging to the same syllable—[1]

> maçã = *apple*
> campo = *field; countryside*
> lanterna = *lantern*

Note: In Brazil the common sound of this vowel is an *open* sound as in (1) (*a*).

The closed sound is only applied to (2) (*b*), (2) (*c*), or with a circumflex. The nasal sound of 'a' also appears in Brazil.

al as a sound similar to 'aw':

> a capital = *the capital city*

E—six main sounds.

1. Open (similar to met):
   (*a*) with acute accent or stressed syllable—

> pé = *foot*
> ela = *she*
> panela = *saucepan*

   (*b*) plus **l**—

> delgado = *thin, slender*

2. Closed (similar to **eh(r)**):
   (*a*) with circumflex or stressed syllable—

> mês = *month*
> sabonete = *soap*
> ele[2] = *he*

---

[1] The **m** or **n** of a nasal syllable is silent.   [2] In Brazil: êle.

3. Closed (similar to general):
   (*a*) at the end (almost silent), and unstressed syllable—

> cabide = *coat-hanger*
> acetona = *acetone*

4. Similar to 'ee':
   (*a*) as the first syllable, before **a** and **o**, and as the conjunction 'e' (and)—

> edifício = *building*
> barbear = *to shave*
> geografia = *geography*
> você e Emília = *you and Emily*

5. Similar to late:
   (*a*) words beginning with the prefix 'ex', and a few words which have an irregular pronunciation—

> explorar = *to explore; to exploit*
> vejo = *I see*
> igreja = *church*

Note: Words such as joelho (*knee*), espelho (*mirror*), orelha (*ear*), etc., are pronounced in Lisbon with this irregularity.

6. Slightly nasal:
   (*a*) before **m** or **n** belonging to the same syllable—

> empada = *pie*
> encarnado = *red*

Note: In Brazil the sound of this vowel is always 'ee' at the end of the word and, very occasionally, in the middle, generally after **d**:

> devagar = *slowly*

This vowel also tends to have the closed sound (2) at the beginning.

el has a sound similar to *e*(gg) + oo:

> mel = *honey*

I—three main sounds.

1. Similar to machine:

vida = *life*
silva = *blackberry bush*

2. In words with several 'i's' the first one has the sound of closed 'c' (3) (*a*). (Not applied in Brazil):

ministro (meneeshtroo) = *minister*

3. Slightly nasal before **m** or **n** belonging to the same syllable:

impulso = *impulse*
pedinte = *beggar*

Note: In Brazil **il** has a sound similar to ee + oo:

mil = *thousand*

O—four main sounds.

1. Open (similar to opera):
(*a*) with acute accent or some stressed syllable—

pó = *powder, dust*
fome = *hunger*

(*b*) plus **l**—

sol = *sun*

2. Closed (similar to root):
(*a*) unstressed syllable and at the *end*—

comer = *eat*
lenço = *handkerchief*

(*b*) before **a, e,** or **i**—

nódoa = *grease mark* (*in cloth*)
poema = *poem*
moinho (mooeeneu) = *mill*

3. Similar to **oh** (the commonest sound):
   (*a*) in some stressed syllable, and with circumflex—

   > escova = *brush*
   > fogo = *fire*
   > estômago = *stomach*

   (*b*) when stressed before final *a*—

   > Lisboa = *Lisbon*

4. Slightly nasal before *m* or *n* belonging to the same syllable:

   > bombeiros (bongbayroosh) = *fire brigade*
   > contar = *to count; to tell*

Note: In Brazil the commonest sound of this vowel is **oh**, the sound 'oo' being rather rare except at the end of the word.
ol has a very faint sound of **l** at the end.

U—two main sounds.

1. Like **root**:

   > perfume = *perfume*
   > tubo = *tube*

2. Slightly nasal before **m** and **n** belonging to the same syllable:

   > cumprir = *to fulfil*
   > mundo = *world*

Note: In Brazil the **l** is dropped in **ul**.

Oral Diphthongs

ai[1] (similar to my)	baíle = *ball*
au (cow)	causa = *cause, reason*
ei[1] (late)	parteira = *midwife*
eu (ay + oo)	eu = *I*
iu (ee + oo)	fugiu = *fled*
oi (aw + ee)	boi = *ox*
ou[1] (ow)	ouvido = *ear*
ui (oo + ee)	ruibarbo = *rhubarb*

[1] In Brazil the final letters of these diphthongs are slightly pronounced.

Nasal Diphthongs

ãe (similar to **ai**ng)	mãe = *mother*
ãi (**Cam**bridge)	cãibra = *cramp*
ão (**frow**n)	botão = *button; bud*
õe (**oin**g)	põe = (*he*) *puts*

Note: The word 'muito' (*very;* much) has a nasal sound of 'mweento'

The Consonants

b, d,[1] f, l, m, n, p, v approximately as in English. Note, however, as already mentioned, that a final 'm' or 'n' nasalizes a preceding vowel.

k, w, and y do not appear in native Portuguese words.

C—two sounds.

1. Similar to lace, before **e** and **i**, or with a cedilla, before **a, o,** or **u**:

cenoura = *carrot*
cinto = *belt*
força = *strength*
pescoço = *neck*
açude = *small dam*

2. Similar to **c**at, before **a, o,** or **u**, and consonants:

acabar = *to finish*
escovar = *to brush*
escultor = *sculptor*
folclórico = *folk* (adj.)

G—two sounds.

1. Similar to measure, before **e** and **i**:

gelo = *ice*
girafa = *giraffe*

[1] In Brazil 'de' or 'di' tends to be pronounced similar to 'je' 'ji'.

2. Similar to **go**, before **a**, **o**, and **u** (the 'u' is silent if 'e' or 'i' follows), and consonants:

> liga**d**ura = *bandage*
> bi**g**ode = *moustache*
> **g**uar**d**ar = *to keep*
> san**g**ue = *blood*
> **g**uitarra = *guitar*
> **g**ritar = *to shout*

Note: In only a few cases the 'u', before 'e' or 'i', is pronounced:

> a**g**uentar = *to sustain*
> lin**g**uista = *linguist*

H—always silent.

This letter appears combined with:

> c ch (similar to **sh**ot)   cheirar = *to smell*
> l lh (similar to mi**lli**on) bilhar = *billiards*
> n nh (similar to k**n**ew)   ninho = *nest*

J—similar to mea**s**ure:

> jovem = *youth*

Q—appears only before 'u'. Like English **q**, but the **u** is silent if **e** or **i** follows, except in a few words:

> quadro (kwadru) = *picture*
> quota (kwota) = *share*
> queimadura (kaymadoora) = *a burn*
> máquina (makeena) = *machine*

Exceptions:

> frequente (frekwenta) = *frequent*
> consequência (konsekwensia) = *consequence*
> cinquenta (ceenkwenta) = *fifty*
> tranquilo (trankweeloo) = *quiet*

R—two sounds.

1. Similar to very, between vowels and in the middle or at the end of a syllable (final 'r' slightly prolonged):

> encere! = *polish!*
> engraçado = *funny; good looking*
> vertigem = *vertigo*
> perguntar = *to ask* (*a question*)

2. Similar to Scottish 'r', at the beginning of a syllable (not between vowels), or doubled:

> enredo = *plot* (*novel, etc.*)
> rolo = *roll; roller*
> ferro = *iron*

Note: in Brazil the final 'r' tends to be dropped.

S—three sounds.

1. Similar to sun, at the beginning, after a consonant, or doubled:

> socorro! = *help!*
> pulso = *wrist, pulse*
> abcesso = *abscess*

2. Like z (present), *between vowels*, 'trans' plus vowel, or at the end followed by a word starting with a vowel or h:

> casamento = *wedding*
> trânsito = *traffic*
> as aves (azaves) = *the birds*
> os homens (ozomens) = *the men*

3. Similar to shoe, at the end, or in the middle before a consonant:

> amarelos = *yellow*
> cisne = *swan*

Note: In Brazil the final s is rather similar to the final English s.

T—always hard as top, never as nation.

Note: In Brazil the consonant t, before e and sometimes before i, has a sound of 'che' or 'chi':

> tarde = *evening*
> tinta = *ink*

X—five sounds.

1. Similar to sh, at the beginning, and sometimes between vowels:

> xadrez = *chess*
> baixo = *low, short*

2. Similar to sun, also between vowels:

> eu trouxe = *I brought*
> auxílio = *aid*

3. Like z, in the prefix 'ex' plus vowel:

> exército = *army*
> exame = *exam*

4. Like sh, with the prefix 'ex' plus consonant:

> explicar = *to explain*

5. Like ks, normally in words of learned derivation:

> anexo = *annex*
> tórax = *thorax*

Z—two sounds.

1. Similar to zebra, at the beginning and middle:

> zebra = *zebra*
> dizer = *to say*

2. Similar to sh in *shall*, at the end:

$$\text{luz (loosh)} = \textit{light}$$

Note: In Brazil the final z has a tendency to be pronounced as a final English s.

In European Portuguese grouped consonants (the first of which is often ignored), are frequently used to indicate the open sound of the unstressed preceding vowel:

    acção (assown, sow as in town) = *action*
    excepto (ayshsetoo) = *except*

Sometimes these consonants are uttered:

    ficção (ficsown) = *fiction*
    bactéria (bucteria, as in malaria) = *bacteria*
    eucalipto (ayooculeeptoo) = *eucalyptus*

Note: In Brazil grouped consonants are used only when both are uttered.

Written Accents

There are four written accents:

The acute (´) and circumflex (ˆ) accents indicate the stressed syllable. The acute accent (acento agudo), opens the sound of the vowel; the circumflex (circunflexo), closes it.

The grave accent (`) is a non-stressing accent. It indicates the open sound of the vowel.

The 'til' (˜) generally indicates a stressed syllable, and always nasalizes the vowel.

Portuguese words never have the stress before the antepenultimate syllable. Normally, either the penultimate or the last syllable is stressed. A written accent is *always* required when the stress falls on the antepenultimate (second before the last) syllable.

The general rules of stressing are as follows, but *deviations* from these rules require *written accents*:

Words with the following endings, disregarding the *s* of plural formation, are stressed on the penultimate syllable—

	General rule	Deviations	
a	vaca (*cow*)	eficiência (*efficiency*)	papá[1] (*daddy*)
e	canivete (*pocket knife*)	árvore (*tree*)	galês (*Welsh*)
o	bolso (*pocket*)	húmido (*damp*)	dó (*pity; (Mus.) do*)
em	origem (*origin*)	também (*also*)	
ens	imagens (*images*)	parabéns (*congratulations*)	

Verbal forms:

am	falam (*they speak*)
em	cantem (*sing*)

Words with the following endings, disregarding the *s* of the plural formation, are stressed on the last syllable—

	General rule	Deviations
i	aqui (*here*)	júri (*jury*)
u	peru (*turkey*)	Vénus (*Venus*)
diphthongs	portão (*gate*)	ágeis (*agile*)
consonants	girassol (*sunflower*)	difícil (*difficult*)
nasal vowel	cristã (*Christian*)	órfãs (*orphans*)

Apart from these general rules, the written accents are used in other cases, mainly to differentiate words orthographically identical and to separate the two letters of a diphthong:

> por (*by*)   pôr (*to put*)
> cafeína (*caffeine*)
> egoísta (*selfish*)
> saída (*exit*)

The grave accent (*acento grave*) replaces the acute accent with adverbs (ending in 'mente'), and augmentative or diminutive suffixes, serving merely to indicate that the open sound is retained.

---

[1] In Brazil: papai.

It is also used with the contraction of prepositions with the feminine definite articles or demonstratives:

> fácil . . . fàcilmente (*easily*)
> nó . . . nòzinho (*small knot*)
> (a + a) . . . à (*to the*)
> (a + aquele) . . . àquele (*to that*)

In 1945 an agreement was signed between Portugal and Brazil standardizing the written form of the language in both countries, but this agreement was not enforced by the Brazilian Government. In this book the rules of the 1945 agreement are adhered to.

LESSON 1

To enable the student to absorb the language more thoroughly, it is advisable to master **each page fully** before turning over.

The Definite Article

o—masculine singular	*os*—masculine plural
a—feminine singular	*as*—feminine plural
o homem = the man	**os homens** = the men
a mulher = the woman	**as mulheres** = the women

Additional uses of the definite article will be indicated in Lesson 6.

Certain prepositions combine and unite with the definite article, i.e.:

De (of) plus o, a, os, as, becomes **do, da, dos, das** (often indicates the possessive case in Portuguese).

É uma da manhã. = It's one o'clock in the morning.
Falo do rapaz. = I am speaking about the boy.
O livro da rapariga.[1] = The girl's book.

Em (in, on, at) plus o, a, os, as, becomes **no, na, nos, nas**.

Ele está na sala. = He is in the sitting-room (or lounge).
O almoço está na mesa. = Lunch is on the table.
Ela está no cinema. = She is at the cinema.

A (at, to) plus o, a, os, as, becomes **ao, à, aos, às**.

Ela está ao telefone. = She is on the telephone.
Eles vão à praia. = They are going to the beach.

Por (through, by) plus o, a, os, as, becomes **pelo, pela, pelos, pelas**.

Nós vamos pelo parque. = We go through (by) the park.

[1] In Brazil: da moça.

13

The Indefinite Article

    um—masculine singular   **uns**—masculine plural (*some,
                                                    a few*)
    uma—feminine singular   **umas**—feminine plural (*some*)

    Um or **uma** also denotes the cardinal number 'One'. See examples below.

Nouns

There are only two genders: Masculine and Feminine. As in English, the masculine gender is used for male persons and animals.
    Most nouns ending in **o, l, r,** are masculine.

        o pai = the father
        o pardal = the sparrow
        um cão = a dog, one dog
        um favor = a favour, one favour

The feminine gender is used for female persons and animals.
Most nouns ending in **a, ã, ez, ice, ade, ção, gem,** are feminine.

        a mãe = the mother
        a pessoa = the person
        uma maçã = an apple, one apple
        uma canção = a song, one song

Certain nouns of Greek origin are exceptions to these rules:

        o clima = the climate
        o cinema = the cinema
        o telegrama = the telegram

Adjectives

    Like nouns, these have only two genders, and they must always **agree** in gender and number with the noun they qualify.
    In general, the feminine (adjectives and nouns) is formed by adding **a** to the masculine, or changing the **o** to **a**. Adjectives ending in **e**, or a *consonant*, are generally invariable except adjectives of nationality.

In general, the plural (adjectives and nouns) is formed by adding **s**, **es** to the singular, or changing **em** to **ens**. See Lesson 7 for additional rules.

o professor português	**os professores portugueses** (the Portuguese teacher(s))
a professora portuguesa	**as professoras portuguesas**
o médico é inteligente	**os médicos são inteligentes** (the doctor(s) is/are intelligent)
a médica é inteligente	**as médicas são inteligentes**
o pintor é feliz	**os pintores são felizes** (the painter(s) is/are happy)
a pintora é feliz	**as pintoras são felizes**

There are no fixed rules for the position of the adjective in Portuguese, but as a general rule it is placed immediately after the noun. When it precedes the noun it tends to lose its essential meaning.

> **un homem pobre** = a poor man (not rich)
> **um pobre homem** = a poor man (inspiring pity)

Bom, boa (*good*) are generally placed before the noun.

> **um bom empregado** = a good employee

Negatives

Não, meaning *no* or *not*, is placed **before** the verb.

> **Ele não está no jardim.** = He is not in the garden.
> **Não, ele não está.** = No, he is not.

In Portuguese, unlike in English, the double negative is used.

> **Não quero nada.** = I do not want anything. (lit. nothing)
> **Não sou ninguém.** = I am (not) nobody.

The Interrogative Form

This is usually indicated simply by inflection of the voice.

> **Ele está em casa?** = Is he at home?

It is also indicated by inversion of the subject and verb, mainly for purposes of emphasis.

Eu falo? = (Do) I speak?
Falo eu? = (Do) *I* speak?

Inversion of subject and verb takes place mostly in Portugal, usually when the sentence begins with an interrogative word.

Porque falo eu? = Why do I speak?

Note: There is no equivalent for *do* in the negative or interrogative.

Verbs

In Portuguese there are three conjugations of regular verbs; these end in **ar**, **er**, and **ir**.

To conjugate most tenses, all that is necessary is to preserve the *stem* and add the appropriate ending. For example:

(estudar) estud $+ \ldots$

Presente do Indicativo[1] (*Present Indicative*)

	Estud**ar** (*to study*)	Com**er** (*to eat*)	Part**ir** (*to leave or to break*)
Eu (*I*)	estud**o**	com**o**	part**o**
Tu (*you, thou*)	estud**as**	com**es**	part**es**
Ele,[2] ela, você (o senhor, a senhora) (*he, she, it, you*)	estud**a**	com**e**	part**e**
Nós (*we*)	estud**amos**	com**emos**	part**imos**
Vós (*you*)	estud**ais**	com**eis**	part**is**
Eles,[2] elas, vocês (os senhores, as senhoras) (*they* (m.), *they* (f.), *you* (pl.))	estud**am**	com**em**	part**em**

[1] In the verb tables in Appendix II the names of the tenses are given in Portuguese and therefore the student should be familiar with these names.

[2] In Brazil: êle,
           êles.

See Appendix II for Irregular verbs.

This tense is translated in English by (I) study, (I) am studying, and often (I) will study.

Notes on Personal Pronoun Subjects and Forms of Address

eu:

> Frequently omitted in European Portuguese, except for purposes of emphasis or contrast.
>
> **Estudo português.** = I study Portuguese.
> **Eu estudo português mas ele não (estuda).** = I study Portuguese, but he does not. (study it)

tu:

> Used only between very close friends and relatives. Seldom used in Brazil.

ele, ela, eles, elas:

> Normally used for purposes of clarity.
> 'It' is translated in Portuguese by 'ele' or 'ela', according to the gender of the noun.

você, vocês:

> Used informally between persons of the same age group. Widely used in Brazil:
>
> **Você estuda português?** ⎫
> **Vocês estudam português?** ⎭ Do you study Portuguese?

o senhor, a senhora, os senhores, as senhoras:

> Polite way of rendering *you*.
>
> **O senhor fala inglês?** = Do you (lit. does the gentleman) speak English?
> **As senhoras falam inglês?** = Do you (lit. do the ladies) speak English?

> In European Portuguese the *you* is **frequently omitted**, the verbal form only being used.
>
> **Fala português?** = **Você, o senhor, a senhora fala português?**

In Portuguese, when addressing a professional man or woman, or anyone possessing a title of nobility, it is customary to indicate their status.

O senhor doutor (Sr. Dr.) fala inglês? (When addressing a Doctor of Medicine, Law, etc.)
O senhor engenheiro (Sr. Eng.) fala inglês? (University level engineer).
O senhor arquitecto (Sr. Arq.) fala inglês? (University level architect).

Tradespeople are normally addressed as 'Senhor' plus Christian name. In Brazil, 'Seu' plus Christian name.
In Portuguese, it is customary to employ the Christian name, or você, when addressing a girl in her teens.
In certain cases, (shop assistants, etc.), 'Menina' (Miss), plus Christian name, can also be used. In Brazil, 'Senhorita' is used.
A married or mature woman is addressed as 'Senhora Dona (Sr^a. D.)' plus her Christian name. In Brazil, 'Dona' only is used.
Domestic helpers are normally addressed as 'Senhora' plus Christian name or by the Christian name only.
Important: He (**ele**), she (**ela**), you (**você, vocês**), they (**eles, elas**) and the above forms of address, except '**tu**', are conjugated with the third person singular and plural respectively.

nós:

Frequently omitted in European Portuguese.

vós:

No longer used, except in certain Northern regions, elaborate public speeches and prayers, etc.

Verbs **Ser** and **Estar** (Irregular)

Presente do Indicativo

	Ser (*to be*)	Estar (*to be*)
eu	sou	estou
tu	és	estás
ele, ela, você	é	está
nós	somos	estamos
vós	sois	estais
eles, elas, vocês	são	estão

SER (to be) denotes an essential characteristic of a person or thing.

> **Sou inglês.** = I am English.
> **Você é alto.** = You are tall.
> **As flores são bonitas.** = Flowers are pretty.

Ser is also used for permanent location.

> **Onde é o museu?** = Where is the museum?

Ser is used in the passive voice and impersonal sentences.

> **Ela é amada.** = She is loved.
> **É impossível.** = It is impossible.

Ser de—denotes origin, possession.

> **Sou de Lisboa.** = I am from Lisbon.
> **Esta caneta é do aluno.** = This pen belongs to the pupil.

ESTAR (to be) denotes temporary state or position.

> **Estamos em Londres.** = We are in London.
> **O senhor está cansado?** = Are you tired?
> **Hoje está frio.** = It is cold today.

Estar com, plus noun.

> **Estou com calor.** = I am hot.
> **Estou com sono.** = I am sleepy.

Estar a, plus infinitive = continuous tense.

> **Estou a estudar.** = I am studying.

In Brazil, the gerund is used for the continuous tense.

Estou estudando. = I am studying.

Vocabulary

amanhã = tomorrow
até = until, to, as far as; even
— **amanhã** = till tomorrow
— **breve** = see you soon
— **já** = see you presently
— **logo** = see you later
autocarro m. = bus
automóvel m. = automobile, car
avião m. = aeroplane
barco m. = boat
bem = well
bilhete m. = ticket; short letter
— **de ida e volta** = return ticket
boa = fem. of **bom** (good)
— **noite** = good evening; good night
— **tarde** = good afternoon
bom = good
— **dia** = good morning
breve = soon; brief
    em— = soon
camioneta f. = coach, bus
carro m. = car
— **eléctrico** m. = tram
comboio m. = train
comprar = to buy
desculpar = to excuse, forgive
desculpar-se = to apologize
dia m. = day
e = and

eléctrico m. = tram; (adj.) electric
falar = to speak, talk
fazer = to make; to do (see Appendix II)
ficar = to remain, stay (many idiomatic uses: to be, become)
inglês = English
ir a = to go (momentarily, for a short time) (see Appendix II)
ir para = to go (for some time)
ir de = to go (by car, ship, etc.)
já = already; at once
— **não** = not any more
logo = at once, immediately; soon
metro m. = metre; an abbreviation of **metropolitano**
metropolitano m. = underground railway
muito = very
muito, muita, muitos, muitas = much, many, a great deal
nada = nothing
    de — = not at all
não = no, not
navio m. = ship
noite f. = night

obrigar = to oblige, compel
  obrigada = thank you (said by a woman)
  obrigado = thank you (said by a man)
onde = where
ou = or
pagar = to pay
poder = to be able; can; may (see Appendix II)
poder m. = power, authority
porque = because
porque . . .? = why . . .?

porquê? = why?
português = Portuguese
quando = when
querer = to want, to wish (see Appendix II)
saber = to know, know how (see Appendix II)
sim = yes
também = also
tarde f. = afternoon; (adv.) late
táxi m. = taxi
viagem f. = journey, trip

A detailed vocabulary is given at the end of this book.

The following Dictionaries are recommended:

Collins Portuguese Dictionary (pocket dictionary).
Dicionários Académicos, Porto Editora, Lda, Porto.
Dicionário Inglês–Português by Manuel J. Martins, published by Manuel Barreira, Porto.
Dicionário Moderno, Português-Inglês by Maria Manuela Teixeira de Oliveira, published by Porto Editora, Lda, Porto.

Conversational Matter

— **Bom dia Sr. Coelho, como está?** = Good morning, Mr. Coelho, how are you?
— **Bem, obrigado. E você e seu marido?** = Well, thank you. And (how are) you and your husband?
— **Estamos bem, obrigada.** = We are well, thank you.
— **Você vai para o escritório?**[1] = Are you going (lit. do you go) to the office?
— **Não, vou à minha lição de português.** = No, I am going to my Portuguese lesson.

[1] In Brazil: ao escritório.

— **Ainda estuda português?** = Do you still study Portuguese?

— **Ainda.** = Still (Yes, I still do).

— **Já fala bem português, não?** = You already speak Portuguese well, don't you?

— **Não falo bem, mas faço-me compreender (entender).** = I do not speak (it) well, but I (can) make myself understood.

— **O português é uma língua difícil?** = Is Portuguese a difficult language?

— **Não é muito difícil.** = It is not very difficult.

— **Quando vão a Portugal?** = When are you going to Portugal?

— **Tencionamos ir lá este ano.** = We intend to go there this year.

— **Vão de barco (navio), ou de avião?** = Are you going by sea (ship) or by air (plane)?

— **Vamos de carro (automóvel).** = We are going by car.

— **Desculpe, aqui está o meu autocarro.**[1] = Excuse me, here is my bus.

— **Então, até breve. Cumprimentos a sua mulher.** = Well, see you soon. Regards to your wife.

— **Obrigado. Até breve.**[2] **(Até qualquer dia.)** = Thank you. See you soon (so long).

————

— **Boa tarde.** = Good afternoon.

— **Muito boa tarde, minha senhora.** = Good afternoon (A very good afternoon to you), Madam.

— **Vocês tratam de viagens para Portugal?** = Do you deal with trips to Portugal?

— **Portugal e todos os países da Europa.** = Portugal, and all European countries.

— **Estou a pensar em ir este ano a Portugal.** = I am thinking of going to Portugal this year.

— **Em que mês pensa (tenciona) ir?** = In which month do you intend to go (Think of going)?

— **Talvez no princípio de Maio.** = Perhaps at the beginning of May.

— **É um mês ideal.** = It is an ideal month.

[1] In Brazil: ônibus.   [2] In Brazil: Até logo.

— **Já está muito calor?** = Will it (the weather) be very warm by then? (lit. Is it already very warm?)

— **Ainda não.** = Not at that time. (lit. Not yet)

— **Quando começa o calor?** = When does the warm weather start?

— **Nos fins de Junho. (Lá para fins de Junho.)** = At the end of June (around the end of June).

— **O Sul é muito bonito, não é?** = The South is very pretty, isn't it?

— **Sim, é muito bonito e o clima é muito agradável.** = Yes, it is very pretty, and the climate is very pleasant.

— **É fácil arranjar hotel?** = Is it easy to arrange for an hotel?

— **Agora já é um pouco difícil.** = It is already a little difficult.

— **E no Norte, também é difícil?** = And is it also difficult in the North?

— **No Norte é bastante (muito) mais fácil.** = In the North it is a good deal easier. (lit. more easy)

— **Vou discutir o assunto com meu marido.** = I shall discuss it (the matter) with my husband. (lit. I am going to)

— **Com certeza.**[1] = Of course.

— **Volto amanhã à tarde.** = I shall return (lit. I return) tomorrow afternoon.

— **Muito bem. Até amanhã, minha senhora.** = Very well. Till tomorrow, Madam.

— **Até amanhã.** = Till tomorrow.

————

After dusk.

— **Boa noite.** = Good evening.

— **Boa noite.** = Good evening.

— **Desculpe, mas não pode estacionar aqui.** = Excuse me, but you cannot park here. (I'm afraid that.)

— **É proibido?** = It is prohibited?

— **Sim, é. No fim desta avenida encontra um parque de estacionamento.** = (Yes) it is. At the end of this avenue you will find a car park.

[1] In Brazil: Compreendo.

— **É preciso pagar?** = Does one have to pay (Is it necessary to pay)?

— **Não. É gratuito (grátis, de graça).** = No, it is free.

— **Muito obrigado.** = Thank you very much.

— **Não tem de quê.** = Not at all.

———————

— **O senhor fala inglês?** = Do you speak English?

— **Falo um pouco. Percebo (compreendo) quando falam devagar.** = I speak a little. I understand when it is spoken slowly (lit. when they speak slowly).

— **Sabe onde é a Rua do Ouro?** = Do you know where Rua do Ouro (Gold Street) is?

— **Certamente, (claro), é uma das ruas principais da cidade.** = Of course. It is one of the main streets in town.

— **Passam lá autocarros?** = Do buses pass there?

— **Passam autocarros, e perto passam também carros eléctricos[1] (eléctricos).** = Buses pass (it), and trams also pass near (it).

— **Que autocarro devo apanhar[2] (tomar)?** = Which bus ought I to catch (take)?

— **Daqui, o autocarro número 1A.** = From here, bus No. 1A.

— **Muito obrigada.** = Thank you very much.

— **De nada, minha senhora.** = Not at all, Madam.

———————

— **Onde é a estação do metropolitano?[3]** = Where is the Underground Station?

— **É mesmo ali naquela esquina.** = It is just there at that corner.

— **Posso ir de metro até ao Jardim Zoológico?** = Can I go by underground to the Zoo? (Can I get to the Zoo by underground?)

— **Sim, a estação fica muito perto. Porque não vai de táxi?** = Yes, the station is quite near by (very near). Why don't you go by taxi?

— **Porque fica caro.** = Because it's expensive.

[1] In Brazil: bondes.   [2] In Brazil: pegar.
[3] In Brazil: trem subterrâneo.

— **Não fica. Os táxis aqui são baratos. Está ali um na praça[1] (de táxis).** = It isn't. Taxis here are cheap. There is one there in the taxi rank.

— **Realmente, é melhor ir de táxi. Até logo.** = Indeed, it's better to go by taxi. See you later.

— **Até logo.** = See you later. (See you this evening).

——————

— **Quer ir de camioneta ou de comboio?[2]** = Do you want to go by coach or by train?

— **De comboio. É rápido e cómodo.** = By train. It is fast and comfortable.

— **Vou comprar os bilhetes.** = I shall buy the tickets.

— **Não, eu compro. Quer primeira ou segunda classe?** = No, I'll buy (them). Do you want (to go) first class or second?

— **Talvez primeira e de ida e volta.** = First, I think (First, perhaps) and a return (ticket).

— **Até já.[3]** = I'll see you presently. (I'll be right back).

Translate into Portuguese:

1. Do you speak Portuguese?
2. The flowers are on the table.
3. The boys' mother is at the door.
4. Are you eating an apple?
5. She doesn't eat anything.
6. Today they (masc.) aren't going to the cinema.
7. The Portuguese trains are good.
8. We are at home.
9. He is not a teacher; he is a painter.
10. Doctor, where are you?
11. The doctor is the boy's father.
12. He is English and she is Portuguese.
13. The girls' teachers (fem.) are sleepy.
14. It's a nice song.
15. Lunch is cold.

[1] In Brazil: ponto de táxi.   [2] In Brazil: trem.   [3] In Brazil: tchou.

16. Are we going along (lit. through) the beach?
17. Aren't you studying?
18. Today the men are tired.
19. I am hot.
20. Isn't he at the hotel?

Key to the exercise:

1. Fala português? (*or* o senhor/a senhora, *or* você fala português?)
2. As flores estão na (*or* em cima da, *or* sobre a) mesa.
3. A mãe dos rapazes está à porta.
4. Está a comer uma maçã? (*or* o senhor/a senhora, *or* você está a comer uma maçã?)
5. Ela não come nada.
6. Hoje, eles não vão ao cinema.
7. Os comboios portugueses são bons.
8. Estamos em casa.
9. Ele não é professor; é pintor.
10. Sr. (senhor) Doutor, onde está (o senhor)?
11. O médico é o pai do rapaz.
12. Ele é inglês e ela é portuguesa.
13. As professoras das raparigas estão com sono.
14. É uma canção bonita (*or* é uma bonita canção).
15. O almoço está frio.
16. Vamos pela praia?
17. Você (o senhor/a senhora) não está a estudar?
18. Hoje, os homens estão cansados.
19. Estou com calor.
20. Ele não está no hotel?

LESSON 2

Presente do Indicativo

	Ter (*to have*)	*Haver* (*to have*)
eu	tenho	hei
tu	tens	hás
ele, ela, você	tem	há
nós	temos	havemos
vós	tendes	haveis
eles, elas, vocês	têm	hão

Both these irregular verbs are used as Auxiliary Verbs to form compound tenses, although 'haver', as auxiliary verb, is primarily used in highly literary style.

Tem estado muito calor. = It has been very hot.

TER: Expresses **possession.**

Tenho um livro. = I have a book.
Temos uma casa. = We have a house.
Tenho sono. = I am sleepy.
Tenho trinta anos. = I am thirty years old.

Ter de or **ter que** express necessity or obligation.

Tenho de sair. = I have to go out.
Ele tem que nos dizer. = He has to tell us.

HAVER: Mainly used, in the third person singular only, with the meaning of **there is, there are, for** . . . (time), . . . (time) **ago.**

Neste quarto há uma janela. = There is a window in this room.
Neste quarto há duas janelas. = There are two windows in this room.
Há quanto tempo vive aqui? = (For) how long have you lived here?
Cheguei há dez minutos. = I arrived ten minutes ago.

Haver-de, plus infinitive expresses strong intention.

Hei-de fazer isto. = I *will* do this.

27

Possessive Adjectives and Pronouns

	Singular		Plural	
	Masculine	*Feminine*	*Masculine*	*Feminine*
(*my, mine*)	o meu	a minha	os meus	as minhas
(*your, yours*)	o teu	a tua	os teus	as tuas
(*his, her, hers, its*)	o seu (dele, dela)	a sua (dele, dela)	os seus (dele, dela)	as suas (dele, dela)
(*your, yours*)	o seu	a sua	os seus	as suas
(*our, ours*)	o nosso	a nossa	os nossos	as nossas
(*your, yours*)	o vosso	a vossa	os vossos	as vossas
(*their, theirs*)	o seu (deles, delas)	a sua (deles, delas)	os seus (deles, delas)	as suas (deles, delas)

O meu passaporte. = My passport.
Este passaporte é meu. = This passport is mine.
A vossa televisão. = Your television.
Não é vossa. = It is not yours.

Note: The second person plural (**vosso, vossa, vossos, vossas**) has not yet fallen into disuse as has the Personal Pronoun (vós).

The possessive adjectives and pronouns agree in number and gender with the *thing* possessed, and are *less* used than in English. In colloquial form, to avoid ambiguity in the third persons, the forms **dele, dela, deles, delas** (of him, of her, of them), after the noun, replace **seu, sua, seus, suas.**

O seu avô. = Your (his, her) grandfather.
A sua avó. = Your (his, her) grandmother.
Que tem no bolso? = What have you in (your) pocket?
O tio dele. = His uncle. **O tio dela.** = Her uncle.
O seu tio. = Your uncle.

The article is used with the possessive adjectives, but it can be left out with close relatives. In Brazil the article is often omitted. Possessive pronouns, identical to the adjectives, do not require the article, except to clarify ownership.

O meu casaco[1] está ali. = My coat is over there.

Meu pai é ainda novo. = My father is still young.
Esta mala[2] é sua? = Is this suitcase yours?
Sim, esta é a minha. = Yes, this is mine.

Interrogative and Relative Pronouns

Que (o que) = *what, which, who, that.*

Que quer dizer 'é proibido debruçar-se'? = *What does 'it is prohibited to lean out' mean?*
Que caixa quer? = *Which box do you want?*
O senhor **que** está ali. = *The gentleman who is there.*
Este é o presente **que** ele me deu. = *This is the gift that he gave me.*
Sabe **o que** (or **que**) está a dizer? = *Do you know what you are saying?*

Note: Mainly when introducing a subordinate clause, **que** is more often used in Portuguese than in English.

Julgo **que** tem razão. = *I think (that) you are right.*

Quem = *who, whom, whose.* (Only for persons.)

Quem é o senhor? = *Who are you?*
Para **quem** são estas laranjas? = *For whom are these oranges?*
De **quem** é este lápis? = *Whose pencil is this?*
Quem cala consente. = *Silence gives consent (Who remains silent . . .).*
Não sei com **quem** estou a falar. = *I do not know to whom I am speaking.*

Note: The *relative* pronoun 'who' is generally translated by 'que', however, after a preposition or verbal form, it becomes 'quem'.

O senhor **que** está ali.
Não sei com **quem** estou a falar.

Qual, quais = *what, which, who.* (Implying choice.)

Qual é a sua morada (o seu endereço)? = *What is your address?*

---

[1] In Brazil: paletó.　　　　[2] In Brazil: valise.

Quais são os seus embrulhos? = *Which are your parcels?*
O filho dele, **o qual** (que) acaba de chegar . . . = *His son, who has just arrived . . .*

Note: **Qual, quais** are substituted by '**que**' before a noun.

Que caixa quer? = *Which box do you want?*

Quanto, quanta, quantos, quantas = *how much, how many* (*all that*).

Quanto é? = *How much is it?*
Quantas filhas tem? = *How many daughters do you have?*
Dei tudo **quanto** tinha. = *I gave all* (*that*) *I had.*

Cardinal Numbers

1 = um, uma	22 = vinte e dois, duas
2 = dois, duas	23 = vinte e três
3 = três	30 = trinta
4 = quatro	40 = quarenta
5 = cinco	50 = cinquenta
6 = seis	60 = sessenta
7 = sete	70 = setenta
8 = oito	80 = oitenta
9 = nove	90 = noventa
10 = dez	100 = cem
11 = onze	101 = cento e um, uma
12 = doze	200 = duzentos, duzentas
13 = treze	300 = trezentos, trezentas
14 = catorze	400 = quatrocentos, quatro-
15 = quinze	centas
16 = dezasseis[1]	500 = quinhentos, quinhentas
17 = dezassete[2]	600 = seiscentos, seiscentas
18 = dezoito	700 = setecentos, setecentas
19 = dezanove[3]	800 = oitocentos, oitocentas
20 = vinte	900 = novecentos, novecentas
21 = vinte e um, uma	1 000 = mil
	1 000 000 = um milhão

[1] In Brazil: dezesseis.   [2] In Brazil: dezessete.   [3] In Brazil: dezenove.

Tenho vinte e duas libras e vinte pences. = *I have* £22·20.
Este artigo tem cem palavras. = *This article contains a hundred words.*
Ele morreu há cento e cinquenta anos. = *He died* 150 *years ago.*
O Brasil foi descoberto em 1500 (mil e quinhentos). = *Brazil was discovered in* 1500.
Vende-se a uma média de 2 030 (dois mil e trinta) por mês. = *It is sold at an average of* 2,030 *per month.*
Luís de Camões nasceu em 1524 (mil quinhentos e vinte e quatro). = *Luís de Camões was born in* 1524.
Nasci a 15 (quinze) de Março de 1933 (mil novecentos e trinta e três). = *I was born on the* 15*th of March,* 1933.

Note: In Portuguese one counts in hundreds up to and including 999 only. After that, thousands (**mil**) are always mentioned.
In Portuguese, the decimal point is indicated by a comma.

Ordinal Numbers

1st = primeiro	20th = vigésimo
2nd = segundo	30th = trigésimo
3rd = terceiro	40th = quadragésimo
4th = quarto	50th = quinquagésimo
5th = quinto	60th = sexagésimo
6th = sexto	70th = septuagésimo
7th = sétimo	80th = octagésimo
8th = oitavo	90th = nonagésimo
9th = nono	100th = centésimo
10th = décimo	
11th = décimo primeiro	

Note: Ordinal numbers take feminine and plural, e.g. **primeiro, primeira, primeiros, primeiras,** etc.

Sua Majestade a Rainha Isabel II (segunda). = Her Majesty Queen Elizabeth II.
Parque Eduardo VII (sétimo). = Edward VII Park.

Moro no 12° andar (décimo segundo). = I live on the 12th floor.

When referring to a Pope, a King, or a century, cardinal numbers are used after the tenth.

Avenida João XXI (vinte e um). = John XXI Avenue.
No século XI (onze) antes de Cristo (A.C.). = In the XI century B.C.

Dias da semana = Days of the week
domingo = Sunday
segunda-feira = Monday
terça-feira = Tuesday
quarta-feira = Wednesday
quinta-feira = Thursday
sexta-feira = Friday
sábado = Saturday

Estações do ano = Seasons of the year
a Primavera = Spring
o Verão = Summer
o Outono = Autumn
o Inverno = Winter

Meses do ano = Months of the year
Janeiro = January
Fevereiro = February
Março = March
Abril = April
Maio = May
Junho = June
Julho = July
Agosto = August
Setembro = September
Outubro = October
Novembro = November
Dezembro = December

o Natal = Christmas
a Quaresma = Lent
a Páscoa = Easter
Ano Novo = New Year

Useful sentences:

Que horas são? = What is the time?
Que dia é hoje? = What day is today?
Quantos são hoje? = What is the date?
Em que ano . . . ? = In what year . . . ?
Feliz Natal = Happy Christmas.
Próspero Ano Novo = Prosperous New Year.

Vocabulary

agradecer = to thank, be grateful for

apenas (or **só**) = only

banho m. = bath

  casa de— = bathroom

  tomar— = to have a bath

barato = cheap, inexpensive

cama f. = bed

— de casal = double bed

caro = dear, expensive

casa f. = house, home

chuveiro m. = shower

dar = to give (see Appendix II)

— horas = to strike the hour

depois de = after

encontrar = to find; to meet

encontrar-se com = to meet (somebody)

estalagem f. = inn

favor m. = favour

  por — = please

filho m. = son

filhos m. pl. = sons; children

grande = big; great

hora f. = hour; time of day

hotel m. = hotel

manhã f. = morning

meia f. = sock; stocking; (adj.) half

— hora = half-hour

— -noite = midnight

meio = half; middle; semi

— -dia = midday

mês m. = month

— que vem = next month

novo = young; new; **o mais novo** = the youngest, or the younger

oito dias = a week

pensão f. = boarding-house, pension

— completa = full board

pequeno = small; little

pousada f. = inn

quarto m. = room; bedroom; quarter

— de cama (or **de dormir**) = bedroom

quinze dias = a fortnight

só (or **sòzinho**) = alone

trazer = to bring; to wear (see Appendix II)

vago = vacant; vague

velho = old; **o mais velho** = the eldest, the oldest, the older

ver = to see (see Appendix II)

vir a = to come (for a short time) (see Appendix II)

vir para = to come (for some time)

Conversational Matter

— **Tenho uns amigos ingleses que chegam dentro de (daqui a) quinze dias. Ainda tem quartos?** = Some English friends of mine are arriving within a fortnight (lit. 15 days). Do you still have rooms?

— **Tenho imensa pena, mas estamos completamente cheios até ao fim (até fins) de Outubro.** = I am very sorry, but we are completely full until the end of October.

— **Não me pode recomendar um hotel aqui perto?** = Can't you recommend me an hotel near here?

— **Dois quarteirões mais abaixo há uma estalagem bastante boa.** = Two blocks down (the road) there is a rather good inn.

— **Vou até lá.** = I shall go there.

— **Tem dois quartos vagos (livres) a partir de 18 de Junho até 2 de Julho?** = Do you have two rooms vacant from 18th June till 2nd July?

— **Dois quartos de casal?** = Two double rooms?

— **Não, um quarto de casal com duas camas (com cama de casal) e outro para pessoa só (outro de solteiro).** = No, a double room with twin beds (with a double bed) and a single room (another for a single person).

— **Para o casal temos quarto aqui na estalagem, mas para a outra pessoa, só no anexo.** = For the married couple, we have a room here at the inn, but for the single person we only have (one) in the annexe.

— **Não faz mal. Reserve-os, por favor, em nome do Sr. Brown. Quanto é a diária?** = It doesn't matter. Reserve them, please, in the name of Mr. Brown. How much is it per day?

— **Com pensão completa, ou só dormida (para dormir)?** = With full board, or room only?

— **Fazem meia pensão, não fazem?** = You do partial board, don't you?

— **Fazemos, mas há apenas um abatimento (desconto) de 15% (por cento) da pensão completa.** = We do, but there is only a discount of 15% (per cent) off the full board.

— **E quanto é a pensão completa?** = And how much is the full board?

— **O quarto de casal, com casa de banho,[1] custa 350$00 escudos por dia. O outro, só tem chuveiro e custa 210$00 escudos.** = The

---

[1] In Brazil: banheiro.

double room, with bath, costs 350 escudos per day. The
other has only a shower, and costs 210 escudos.

— **Então, marque com pensão completa.** = Well, book with full
board.
— **O senhor quer ver os quartos?** = Do you wish to see the rooms?
— **Sim, acho preferível.** = Yes, I think it's better (preferable).

———————

— **Onde é a vossa pensão?** = Where is your boarding-house?
— **Fica mesmo aqui na esquina.** = It is just here at the corner.
— **Está bem situada! Vocês estão contentes? (satisfeitos?)** = It is
well situated. Are you happy? (satisfied?)
— **Estamos muito contentes. Todo o pessoal é muito amável, não é
cara e não fica longe da praia.** = Very happy. The staff is
very pleasant, it isn't expensive, and isn't far from the beach.
— **Há quanto tempo estão cá (aqui)?** = How long have you been
here?
— **Há já oito dias, mas tencionamos ficar um mês. Suba e venha
ver o nosso quarto. Temos uma grande varanda (sacada) para
o mar.** = (For) eight days (a week) already, but we intend
to stay a month. Come up and see our room. We have a
large balcony overlooking the sea.
— **Agradeço, mas não sei se tenho tempo. Tenho de me encontrar
com minha mulher ao meio-dia menos um quarto (a um
quarto/quinze para o meio-dia).** = Thank you, but I don't
know if I have time. I have to meet my wife at a quarter to
twelve (midday).
— **São só onze e dez.** = It is only ten past eleven.
— **Então subo. Basta partir às onze e meia (onze e trinta).** = Then
I'll come up. I need not leave until half past eleven.
— **O meu marido vai buscar a chave. Vamos subindo de elevador.** =
My husband will get the key. Meanwhile we'll go up by lift.

———————

— **Quando é que chegam os amigos do Dr. Pinheiro?** = When do
Dr. Pinheiro's friends arrive?
— **Devem chegar no princípio do mês que vem.** = They ought to
arrive at the beginning of next month.

— **Eles ficam aqui na pousada?** = Will they be staying here at the inn?

— **Primeiro marcaram aqui quartos, mas depois cancelaram. Parece-me que alugaram uma casa.** = They booked rooms here first, but later they cancelled. Apparently they rented a house.

— **É natural, têm uma família tão grande (numerosa).** = It's natural; they have such a big family.

— **Além disso, este ano como trazem as criadas (empregadas), fica-lhes mais barato (económico).** = Besides that, since they are bringing the maids this year, it is cheaper (more economical) for them.

— **Os filhos ainda são pequenos, não são?** = Their children are still small (young), aren't they?

— **Sim, a mais nova deve ter os seus 8 meses, e o mais velho, mais ou menos 7 anos.** = Yes, the youngest must be about 8 months old, and the eldest about 7 years old.

— **O quê? Já estão a dar 5 horas. Tenho ainda que comprar umas coisas. Se me atraso já não encontro as lojas abertas.** = What! It's striking five! I still have to make a few purchases. If I delay I won't find the shops still open.

———————

— **Sabe a que horas parte o comboio para o Algarve?** = Do you know at what time the train for the Algarve leaves?

— **Parte às 20 (8 horas) em ponto, da estação do Barreiro.** = It leaves at 20 hours sharp, from Barreiro Station.

— **Chegamos lá por volta da meia-noite, não chegamos?** = We arrive there around midnight, don't we?

— **Não, por volta da uma da manhã. A viagem demora cerca de 5 horas. Os senhores já têm hotel marcado?** = No, around one in the morning. The journey takes about 5 hours. Have you already booked at an hotel?

— **Não é preciso. Ficamos em casa de uns amigos nossos.** = It's not necessary. We are staying with (at the home of) some friends of ours.

Translate into Portuguese:

1. Here is the boy who is studying (lit. studies) with my friend.
2. Is she going by air? (lit. aeroplane)
3. I don't understand what she is doing.
4. What time is it?
5. Which one is your husband?
6. Do you still have a free room?
7. Where are you going now?
8. Her father isn't young. He must be seventy-five years old.
9. When does your younger son arrive?
10. Sorry, I don't speak English.
11. We don't know with whom he is going.
12. I can't go up because it's already twelve o'clock. (lit. midday)
13. Are you (pl.) staying at the hotel on the corner?
14. I need to buy a pine-tree for Christmas.
15. There are twenty rooms in this inn.
16. I shall meet (lit. I meet) your son on Wednesday at five o'clock sharp.
17. The man who is over there near the door is not my husband.
18. Which is his car? This one is mine.
19. Whose house is this?
20. How much is the full board?

Key to the exercise:

1. Está aqui (*or* aqui está) o rapaz que estuda com o meu amigo.
2. Ela vai de avião?
3. (Eu) Não compreendo (*or* percebo) o que (*or* que) ela está a fazer.
4. Que horas são?
5. Qual é (o) seu marido?
6. (O senhor/a senhora) Ainda tem um quarto vago?
7. Aonde vai agora?
8. O pai dela não é novo. Ele deve ter setenta e cinco anos.
9. Quando chega o seu filho mais novo?
10. Desculpe, não falo inglês.

11. Não sabemos com quem ele vai.
12. Não posso subir porque já é meio-dia (*or* já são doze horas).
13. (Os senhores/as senhoras *or* vocês) Estão no hotel da esquina?
14. Preciso de comprar um pinheiro para o Natal.
15. Há vinte quartos nesta pousada (*or* estalagem).
16. Encontro-me com o seu filho na quarta-feira (*or* na quarta) às cinco em ponto.
17. O homem que está ali perto da porta não é o meu marido.
18. Qual é o carro dele? Este é o meu.
19. De quem é esta casa?
20. Quanto é a pensão completa?

LESSON 3

Command Form (*Imperative*)

For regular verbs:

	Estudar	*Comer*	*Partir*
singular	estude	coma	parta
plural	estude**m**	coma**m**	parta**m**

Jantem comigo. = Have dinner with me.
Atenda o telefone. = Answer the telephone.
Abra a janela. = Open the window.

See Appendix II for Irregular Verbs (forms in brackets).

Personal Pronouns

Subject	Object				
	Direct	Indirect	With preposition	Combined with preposition 'com'	Reflexive
eu	me	me	mim	comigo	me
tu (fam.)	te	te	ti	contigo	te
ele	o	lhe	ele	com ele	se
ela	a	lhe	ela	com ela	se
você	o, a	} lhe	si, você	consigo, com você	} se
o senhor	o		o senhor	com o senhor	
a senhora	a		a senhora	com a senhora	
nós	nos	nos	nós	connosco[1]	nos
vós (out of use)	vos	vos	vós	convosco	vos
eles	os	lhes	eles	com eles	se
elas	as	lhes	elas	com elas	se
vocês	} os, as (vos)	} lhes (vos)	vocês	com vocês (convosco)	} se
os senhores			os senhores	com os senhores	
as senhoras			as senhoras	com as senhoras	

[1] In Brazil: conosco.

39

Note: The direct object answers the question 'what?', 'who?'
The indirect object answers the question 'to whom?'

> I give (what?) a *book* (to whom?) to *Jane.*
> I see (who?, whom?) *Jane.*

Examples:

— Tem o anel? = *Do you have the ring?*
— Tenho-**o** (*direct*) aqui. = *I have it here.*
— Vê hoje a Isabel? = *Are you seeing Isabel today?*
— Sim, vejo-**a** (*direct*) hoje à noite. = *Yes, I shall see her tonight.*
— Você fala à Isabel? = *Will you speak to Isabel?*
— Sim, falo-**lhe** (*indirect*) sem falta. = *Yes, I will speak to her without fail.*

Ele vê-**me** (*direct*) sair **consigo**[1] (com você, com o senhor, com a senhora). = *He sees me go out with you.*

Quem **lhe** (*indirect*) falou de **mim**? = *Who spoke to you (him, her) of me?*

Digo-**lhe** (*indirect*) para não esperar por **si**[1] (por você, etc.). = *I shall tell (to) him (her) not to wait for you.*

Eles chamaram-**nos** (*direct*) mas nós não **lhes** (*indirect*) respondemos. = *They (have) called us but we did not answer (to) them.*

Levante-**se**, (*reflexive*) são horas **dela** fazer a cama. = *Get up! It is time for her to make the bed.*

From these examples you doubtless noticed that person object and reflexive pronouns change their position. They usually follow the verb in *affirmative main sentences,* linked to it by a hyphen, e.g.:

Chamo-me Brown. = My name is Brown (I call myself).
Por favor, passe-nos o sal. = Please pass us the salt.

Personal Object Pronouns, for phonetic reasons, precede the verb, without a hyphen, in:

[1] In Brazil the forms 'consigo' and 'si' are seldom used.

Negative sentences—

Não **me** chamo Brown. = *My name is not Brown.*

After interrogative words—

Porque **nos** passa o sal? = *Why do you pass us the salt?*

Prepositions—

Antes de **lhe** falar. = *Before speaking to him.*

Conjunctions—

Embora você **o** conheça. = *Although you know him.*

Adverbs—

Sempre **lhe** digo a verdade. = *I always tell you the truth.*

Relative clauses—

Peço-lhe que **me** diga quanto custa. = *I want you to tell me how much it costs.*

In Brazil, personal object pronouns precede the verb after personal pronoun subject:

Eu **me** chamo José. = *My name is Joseph.*

Note: In Portuguese, a sentence **cannot** be started with an object or reflexive pronoun.

Sente-se. = Sit down.

With reflexive pronouns, the **s** of the first person plural is dropped before **nos**.

Levantamo-nos cedo. = We get up early.

The *direct* object pronoun in the third person (**o, a, os, as**) takes **l** or **n** before a verbal form ending in:

r ⎫ omission	(**Vou chamar o José**) → **Vou chamá-lo.** = I am going to call him.	
s ⎬ of these	(**Vemos o José**) → **Vemo-lo.** = We see him.	
z ⎭ letters	(**Ele diz isso**) → **Ele di-lo.** = He says that.	
m ⎫ endings	(**Eles vêem o José**) → **Eles vêem-no.** = They see him.	
ão ⎬ not omitted	(**Eles dão as lições**) → **Eles dão-nas.** = They give them.	
õe ⎭	(**Ela põe o chapéu**)→**Ela põe-no.** = She puts it.	

The only exception to the above is the verb 'querer' (*to want*) and its derivations in the third person singular of the Present Indicative, in which case an 'e' is added.

Ele quere-o para amanhã. = He wants it for tomorrow.

The normal Portuguese construction is:

subject + verb + direct object + indirect object

but when the direct and indirect objects are expressed by a pronoun, the indirect comes first, and both are written as a combined word, except with **nos** and **vos**.

Eles dão o recado ao João? = Will they give John the message?
Sim, dão-lho. = Yes, they will give it to him.
Não, não lho dão. = No, they will not give it to him.
Eles emprestam-nos os talheres? = Will they lend us the cutlery?
Sim, emprestam-no-los. = Yes, they will lend it to us.

These combined forms are often avoided in colloquial Portuguese. Even the simple forms, mainly when referring to things, and at the *end* of a sentence, are used less frequently than in English.

O bebé bebe o leite? = Does the baby drink the milk?
Sim, bebe. = Yes, he drinks (it).
Gosta de cerejas? = Do you like cherries?
Sim, gosto. = Yes, I like (them).
but
Gosta do Pedro? = Do you like Peter?
Sim, gosto dele. = Yes, I like him.

Note: The prepositions 'de' and 'em' combine with the personal pronouns **ele, ela, eles, elas.**

The object pronoun is never linked with the participle.

Often the object pronoun is linked with the Infinitive.

Vocabulary

almoçar = to have lunch
almoço m. = lunch
  pequeno — m. = breakfast
antes de = before
ao pé de = near
beber = to drink
café m. = coffee; coffee shop
cear = to have supper
ceia f. = supper
chá m. = tea
  tomar — = to have tea
chamar = to call
chamar-se = to be called (lit. to call oneself)
comer = to eat
conta f. = bill, account
deitar = to put to bed; to pour; to cast
deitar-se = to go to bed; to lie down
dinheiro m. = money
— trocado = change
dizer = to say; to tell (see Appendix II)
  querer — = to mean, signify

ementa f. = menu
gorjeta f. = tip (money)
jantar = to have dinner
jantar m. = dinner
lanchar = to have tea
lanche m. = tea (meal)
levantar = to raise; to lift
levantar-se = to get up; to stand up
mesa f. = table
pôr = to place, put (see Appendix II)
— a mesa = to lay the table
saber bem = to taste good; to please
sentar-se = to sit down
servir = to serve; to suit
servir-se de = to help oneself to
tomar = to take; to have
— o pequeno almoço = to have breakfast
trocar = to change; to exchange
troco m. = change

Conversational Matter

— **Eu vou descer para o pequeno almoço;[1] queres que to tragam ao quarto?** = I am going down to breakfast; do you (fam.) want it brought (do you want them to bring it) to the room?
— **Realmente, prefiro. Estou bastante cansada. Hoje só me levanto lá para as 11. Nem vou à praia.** = I do, really. I am very tired. Today I am not getting up till about 11, nor am I going to the beach.

[1] In Brazil: café da manhã.

— **Já não estamos habituados a deitar-nos tarde.** = We are no longer in the habit of going to bed late.

— **Bom dia, Sr. General. Sua esposa não vem?** = Good morning, General. Isn't your wife coming (down)?

— **Não, a minha mulher não vem. Pode levar-lhe o pequeno almoço ao quarto?** = No, my wife isn't. Can you take breakfast (to her) to her room?

— **Com todo o prazer. Que devo mandar?** = With pleasure. What ought I to send?

— **Sumo de ananás,[1] ovos mexidos, café com leite e torradas.** = Pineapple juice, scrambled eggs, coffee with milk and toast.

— **E o senhor General (E V. Excelência) que deseja?** = And what do you wish (to have), Sir?

— **Para mim, um ovo quente, chá, mas muito forte, pão com manteiga e compota de laranja.** = For me, a soft-boiled egg, very strong tea, bread and butter, and marmalade.

— **Chamo-me Santos. Tenho uma mesa reservada.** = My name is (I am called) Santos. I have reserved a table.

— **É aquela ali ao canto, ao pé da janela. Querem que eu ponha a mesa lá fora no terraço?** = It is that one at the corner, beside the window. Do you wish me to lay the table outside on the terrace?

— **Mesmo com o toldo descido e um chapéu-de-sol julgo que é melhor cá (aqui) dentro. Não há uma brisa.** = Even with the awning down and with a sunshade, I think it is better here inside. There's not a breath of air (breeze).

— **Traga-nos, se faz favor, a ementa[2] e a lista dos vinhos.** = Please bring us the menu and the wine-list.

— **Para começar, queremos acepipes variados (hors d'œuvres). Como peixe, linguado frito com salada de alface e tomate e depois bifes com batatas salteadas.[3] Traga-nos também este vinho tinto.** = To begin with, we want assorted *hors d'œuvres*.

---

[1] In Brazil: suco de abacaxis.   [2] In Brazil: cardápio.
[3] In Brazil: sauté.

For the fish course, fried sole with lettuce and tomato salad, and then steak with *sauté* potatoes. Bring us also this red wine.

— **Querem o bife bem passado ou mal passado?** = Do you want the steak well-done or underdone?

— **Não muito passado** = Medium (not too well done).

— **Foi um esplêndido almoço. Não queremos sobremesa, apenas dois cafés. Diga-me, até que horas servem o jantar?** = That was a delicious lunch; we do not want dessert, just two coffees. Tell me, until what hour do you serve dinner?

— **Pràticamente, a qualquer hora a partir das sete da tarde.** = In fact, at any time from seven in the evening onwards.

— **Almoçámos tão bem que vimos também jantar. Reserve-nos uma mesa para as 9. A conta, faz favor.** = Our lunch was so good that we are also coming for dinner. Reserve us a table for 9 o'clock. The bill, please.

— **Desculpe-me, mas não tem dinheiro mais pequeno (trocado)?** = Excuse me, but don't you have anything smaller (lit. smaller money) (change)?

— **Não, não tenho. Mas para facilitar o troco, pague-se de mais 10% (por cento). É para si. (É para a sua gorjeta.)** = No, I haven't, but to help with the change, take 10% (per cent) more. It is for you. (It is for your tip.)

— **Muito obrigado e até logo.** = Thank you very much, and good-bye (until later).

— **Venham hoje tomar chá (lanchar) comigo.** = Come and have tea with me today.

— **Agradecemos-lhe imenso, mas hoje é-nos impossível. Marcámos uma excursão para as três e só regressamos muito tarde. O chá e o jantar estão incluídos no preço da excursão.** = Thank you very much, but today we cannot. We have booked for an excursion at three, and we shall return very late. Tea and dinner are included in the price of the trip.

— Que dizem a irmos agora cear? Depois de um bom espectáculo, sabe bem[1] ir a um restaurante antes de ir para a cama. = What do you say to our going for supper now? After a good show it is nice to go to a restaurant before going home to bed.

— É uma ideia maravilhosa. Eu estou com imensa fome. Como de boa vontade uns mariscos acompanhados de um bom vinho branco. = That's a marvellous idea. I am extremely hungry. I could well do with some sea-food (accompanied by) with a good white wine.

— O que me apetece são cachorros[2] (quentes) ou uma bifana com uma cerveja bem gelada. = What I feel like having is hot-dogs or a hamburger with a well-iced beer.

— Vamos sentar-nos e depois decidimos. = Let's go and sit down, and then we'll decide.

Translate into Portuguese:

1. Give him my regards; I have not seen him for a long time.
2. We have lunch at half past one.
3. I have my breakfast in bed and afterwards (lit. only then) I get up.
4. I will book (lit. I book) the table, but you pay the bill.
5. Please sit down, I am going to tell them that you are here.
6. We always give him a good tip because he is very nice.
7. She is already extremely hungry.
8. I don't know him well, but I know he is a very clever man.
9. She is laying the table on the terrace and I am going to help her.
10. Reserve us a table near the window for a quarter past one.
11. It looks as if (lit. It seems to me that) she is at home.
12. I shall not see (lit. I don't see) her today but I shall have lunch (lit. I have lunch) with her tomorrow.
13. They help you, but you always say they don't.
14. We shall give (lit. we give) him your message.

[1] In Brazil: é bom.   [2] In Brazil: hamburgo.

15. As she always arrives late for dinner, we never go to bed
    before eleven.
16. Your son doesn't want the bread now, but I am going to
    give it to him later on.
17. I am used (fem.) to waiting for her.
18. Until what time do you intend to be here?
19. Sorry, I don't have change.
20. I am going with you, but you will come (lit. you are coming)
    to have tea with us.

Key to the exercise:

1. Dê-lhe os meus cumprimentos (*or* dê-lhe saudades minhas);
   eu não o vejo há muito tempo (*or* há muito tempo que
   não o vejo).
2. Almoçamos à uma e meia.
3. Tomo o pequeno almoço na cama e só depois me levanto.
4. Eu marco a mesa mas você (*or* o senhor/a senhora) paga a
   conta.
5. Por favor sente-se. Vou dizer-lhes que o senhor/a senhora
   (você) está aqui.
6. Damos-lhe sempre uma boa gorjeta porque ele é muito
   amável (*or* simpático).
7. Ela já está com imensa fome.
8. Não o conheço bem mas sei que ele é um homem muito
   inteligente.
9. Ela está a pôr a mesa no terraço e eu vou ajudá-la.
10. Reserve-nos uma mesa perto da (*or* ao pé da) janela para a
    uma e um quarto.
11. Parece-me que ela está em casa.
12. Não a vejo hoje, mas almoço com ela amanhã (*or* mas
    amanhã almoço com ela).
13. Eles ajudam-no, mas o senhor/a senhora (*or* você) diz
    sempre que não ajudam.
14. Damos-lhe o seu recado.
15. Como ela chega sempre tarde para jantar, nunca vamos para
    a cama antes das onze (horas).

16. O seu filho não quer agora o pão, mas vou dar-lho (*or* vou-lho dar) mais tarde.
17. Estou habituada a esperar por ela.
18. Até que horas pensa ficar (*or* estar) aqui?
19. Desculpe, não tenho troco.
20. Eu vou consigo, mas você (*or* o senhor/a senhora) vem tomar chá (*or* vem lanchar) connosco.

LESSON 4

Past Definite Tense

The Past Definite presents the past action as *completed* and confined to a definite period of time. This tense is often used in Portuguese, where in English a Perfect would be used, i.e. I have bought.

Pretérito Perfeito (Past Definite)

	Estudar	*Comer*	*Partir*
eu	estudei	comi	parti
tu	estudaste	comeste	partiste
ele, ela, você	estudou	comeu	partiu
nós	estudámos	comemos	partimos
vós	estudastes	comestes	partistes
eles, elas, vocês	estudaram	comeram	partiram

See Appendix II for Irregular verbs.

> **Eles partiram há dois minutos.** = They left two minutes ago.
> **Em 1939 rebentou a segunda guerra mundial.** = In 1939 the Second World War broke out.
> **Ela chegou bem.** = She has arrived safely.
> **Ouvi o noticiário.** = I have heard the news (by radio).

Degree of Adjectives

The degrees of comparison of adjectives are formed thus:

> **mais** bonito **do que** (que) = *prettier than*
> **menos** bonito **do que** (que) = *less pretty than*
> **tão** bonito **como**[1] = *as pretty as*
> **tanto** (tanta, tantos, tantas) direito **como**[1] = *as much (as many) right as*

The superlative is formed thus:

> **o mais** bonito = *the prettiest*
> **o menos** bonito = *the least pretty*
> **muito** bonito = *very pretty*
> bonit**íssimo** = *extremely pretty*

[1] In Brazil: quanto.

49

50   LESSON FOUR

Note: With the absolute superlative 'bonitíssimo', the adjective **lindo (lindíssimo)** is more often used.

Before adding **íssimo** the vowel is dropped, or other changes occur, thus:

(fácil) facílimo = *extremely easy*
(amável) amabilíssimo = *extremely kind*
(feliz) felicíssimo = *extremely happy*

Some irregularities:

Positive	Comparative	Superlative
bom (*good*)	melhor	óptimo
		o melhor
mau (*bad*)	pior	péssimo
		o pior
grande (*large, big*)	maior	máximo
		o maior
pequeno (*small*)	menor	mínimo
	mais pequeno	o menor
		o mais pequeno
alto (*high, tall*)	superior	supremo
	mais alto	o mais alto
baixo (*low, short*)	inferior	ínfimo
	mais baixo	o mais baixo

Uma óptima refeição. = An excellent meal.
Ele é um péssimo escritor. = He is a very bad writer.
Supremo Tribunal de Justiça. = High Court of Law.

Augmentatives and Diminutives

The Portuguese language uses diminutive and augmentative suffixes to express other degrees. Diminutives, which are more commonly used than augmentatives, denote smallness, affection or pity; augmentatives denote largeness or ugliness.

Diminutive suffixes: **inho, zinho, zito, ito,** etc.

A Luìsinha (Luísa) está doentita.[1] (doente) = Little Louise is slightly ill.
Acordei de manhãzinha. (manhã) = I woke up early in the morning.

[1] In Brazil: 'inho', 'inha', etc., are used more often: doentinha.

Augmentative suffixes: **ão, zão, zarrão**, etc.

> **Vou até ao paredão.** (parede) = I am going to the sea front (strong sea-wall).
> **Cuidado, têm um canzarrão.** (cão)[1] = Be careful! They have a large dog.

Note: These suffixes should be used with a certain degree of caution by beginners.

Vocabulary

algum, alguma alguns, algumas = some, any, a few

armazém m. = large store; warehouse

azulejo m. = tile

balcão m. = counter; balcony

boneca f. = doll

cadeira f. = chair

caixa f. = box; cash desk

casaco m. = coat; jacket

cinzeiro m. = ashtray

compra f. = purchase

cor f. = colour

cortina f. = curtain

encomendar = to order

entregar = to deliver

escolher = to choose

fato m. = suit

fazer anos = to have a birthday

fazer compras = to shop

gostar de = to like, to be fond of

guardar = to keep; to put away; to shield

guarda-vestidos (or **-fatos**) = wardrobe

ir às compras = to go shopping

mandar = to send; to forward; to order

— fazer = to have (something) made to order

modista f. = dressmaker

nenhum, nenhuma, nenhuns, nenhumas = none; no

papel m. = paper

pulseira f. = bracelet

saia f. = skirt

— e casaco m. = two-piece suit

sala f. = room

— de estar f. = living-room

sofá m. = sofa

tecido m. = material, fabric

toalha f. = towel

— de chá f. = tea-cloth

— de mesa f. = table-cloth

vestido m. = dress

---

[1] In Brazil: cachorro.

Conversational Matter

— **Vou agora às compras. Não quer vir comigo?** = I am going shopping now; don't you want to come with me?

— **Estou a acabar de me arranjar para sair. Já estou quase pronta. Você quer esperar só um bocadinho (pouquinho)?** = I have almost finished getting ready to go out. I am nearly ready. Would you just wait a moment?

— **Não tenho pressa nenhuma. Aonde é que você vai?** = I am in no hurry. Where are you going?

— **Tenho que ir comprar um presente de anos (de aniversário) para a minha irmã e ir à modista.** = I have to buy a birthday present for my sister, and go to the dressmaker.

— **Quando é que a sua irmã faz anos?** = When is your sister's birthday?

— **Na próxima quinta-feira.** = Next Thursday.

— **Podemos ir primeiro à modista e depois vamos juntas às compras. Tem mais graça e é menos maçador.** = We can go to the dressmaker first and afterwards go shopping together. It is nicer and less boring.

— **Tem toda a razão. Não gosto nada de andar sòzinha. Além disso, quero também a sua opinião sobre o fato de saia e casaco (tailleur) que mandei fazer.** = You are quite right. I don't at all like going alone. Besides that, I want your opinion on the suit I am having made. (lit. I sent to have made)

— **E eu quero a sua ajuda na escolha de um tecido para as cortinas da nossa sala de estar.** = And I want your help in choosing a material for our living-room curtains.

———

— **Não tem papel melhor do que este?** = Haven't you (any) better paper than this?

— **Temos uma enorme selecção de papel de escrever, e pràticamente em todas as cores. Aqui neste balcão é que temos todo o papel de carta.** = We have an enormous assortment of writing-paper, and in almost all colours. We have all the (our) writing-paper here on this counter.

— **Este formato de envelope (sobrescrito) é bastante bonito, mas o papel não é de muito boa qualidade.** = This shape of envelope is very pretty, but the paper is not of very good quality.

— **Este é de formato mais ou menos igual (idêntico), e a qualidade é muito superior.** = This one is more or less the same shape and the quality is much better.

— **Fico com uma caixa deste.** = I'll take a box of this.

———

— **Ontem acabámos as nossas compras. Comprámos uma mesa, maior do que esta, seis cadeiras muito bonitas e um sofá lindíssimo.** = Yesterday we finished our shopping. We bought a table, bigger than this one, six very pretty chairs, and a very beautiful sofa.

— **Resolveram também o problema do vosso quarto (de dormir) (quarto de cama)?[1]** = Did you also solve the problem of your bedroom?

— **Infelizmente, não têm em armazém uma cama tão grande como a que queremos, mas já a encomendámos, e deve estar pronta lá para meados do mês que vem.** = Unfortunately, they do not have in stock as large a bed as we want, but we ordered one, and it ought to be ready about the middle of next month.

— **E que decidiram sobre o guarda-vestidos? (guarda-fatos).** = And what did you decide about the wardrobe?

— **Acabámos por escolher um maior. Vão entregá-lo amanhã. É óptimo e tem imensas arrumações. De um dos lados há muito espaço para pendurar os fatos, e do outro há prateleiras e gavetas para a roupa de baixo. (roupa interior)** = We ended by choosing a larger one. They will deliver it tomorrow. It is an excellent one, and has a great deal of storage space. On one side it has a lot of hanging space and on the other there are shelves and drawers for underwear.

———

[1] In Brazil: dormitório.

— **Tenho que levar umas lembranças para os meus amigos. Vá, ajude-me a fazer uma lista.** = I have to take some souvenirs for my friends. Come on, help me to make a list.

— **Para quantas pessoas tem que levar presentes?** = For how many people have you to take presents?

— **Aí umas sete (pessoas). (Para umas sete) Para a mãe da minha amiga resolvi comprar uma toalha de chá bordada, e para o pai uma garrafa de vinho do Porto.** = For about seven people. For my friend's mother I have decided to buy an embroidered tea-cloth, and for her father, a bottle of Port wine.

— **Acho uma ideia excelente. São também sempre muito apreciadas as bonecas com trajes regionais e os galinhos coloridos.** = I find that an excellent idea. Dolls in regional costumes are also always very much appreciated and coloured (figures of) small cocks.

— **É o que vou fazer. Se bem que para a irmã mais nova, talvez compre uma pulseira em filigrana. Para o noivo é que estou muito indecisa.** = That is what I'm going to do. Though for the younger sister, perhaps I'll buy a filigree bracelet. What I am very undecided about (is what to get) for her fiancé.

— **Porque não lhe leva um cinzeiro em mármore, ou azulejos com desenhos tìpicamente portugueses?** = Why don't you take him a marble ashtray, or tiles with typical Portuguese designs?

— **Uma ideia de génio!** = What a clever idea!

Translate into Portuguese:

1. I have told him that you want to see him.
2. I am feeling extremely tired (fem.) today because I went to bed very late, last night (lit. yesterday night).
3. It's better for you not to see them.
4. I know it's less pretty than the other coat, but I liked it.
5. I have not written to my mother yet.
6. This country is very pretty, but I prefer mine.
7. Open the window, it's very hot today.

8. We got up early this morning, but we have not done a thing yet.
9. They came yesterday, but they did not bring the children.
10. He left the office and went to the 'pub'.
11. I like beer better than wine and it isn't so expensive either.
12. I gave her the milk and she drank it all immediately.
13. I went to the dressmaker; she can't do the dress before the middle of next month.
14. Thank you very much (fem.). It was a delicious dinner! I hope to see you (pl.) (again) soon.
15. We have chosen a very nice table for our dining-room but I don't know if we have the money to pay for it.
16. I went shopping and I returned around a quarter past three.
17. He is very nice, but at times a little bit boring.
18. They must be on the sea-front.
19. Look at this drawer, it's full of letters that I have to answer.
20. Please pass me the ashtray.

Key to the exercise:

1. Eu disse-lhe que você (*or* o senhor/a senhora) quer vê-lo (*or* o quer ver).
2. Hoje estou (*or* estou hoje) muitíssimo cansada porque ontem à noite fui para a cama muito tarde.
3. É melhor para si não os ver.
4. Sei que é menos bonito do que (*or* que) o outro casaco mas eu gostei dele.
5. Ainda não escrevi a (*or* à) minha mãe.
6. Este país é muito bonito, mas eu prefiro o meu.
7. Abra a janela, hoje está muito calor (*or* está muito quente).
8. Esta manhã levantámo-nos cedo (*or* levantámo-nos cedo esta manhã), mas ainda não fizemos nada.
9. (Eles) Vieram ontem, mas não trouxeram os filhos.
10. Ele saiu do (*or* deixou o) escritório e foi para o (*or* ao) bar.
11. Gosto mais de cerveja do que de vinho e nem é tão cara.
12. Dei-lhe o leite e ela bebeu-o todo imediatamente.

13. Fui à modista; ela não pode fazer o vestido antes de meados do mês que vem.
14. Muito obrigada. Foi um jantar delicioso (excelente)! Espero vê-los em breve.
15. Escolhemos uma mesa muito bonita para a nossa casa de jantar, mas não sei se temos dinheiro para a pagar.
16. Fui às compras (or fui fazer compras) e voltei por volta (or cerca) das três e um quarto.
17. Ele é muito simpático mas às vezes é um pouco (or é um bocadinho) maçador.
18. Eles devem estar no paredão.
19. Olhe para esta gaveta, está cheia de cartas que tenho de responder.
20. Por favor (or se faz favor) passe-me o cinzeiro.

LESSON 5

The Portuguese language, like other Romance languages, has two ways of expressing a past action. As already learned, the Past Definite refers to an action completed in the past. It is the tense for a cool, objective narration of past facts. The other past tense is the Imperfect or Past Continuous.

Pretérito Imperfeito (*Imperfect*)

	Estudar	*Comer*	*Partir*
eu	estudava	comia	partia
tu	estudavas	comias	partias
ele, ela, você	estudava	comia	partia
nós	estudávamos	comíamos	partíamos
vós	estudáveis	comíeis	partíeis
eles, elas, vocês	estudavam	comiam	partiam

See Appendix II for Irregular verbs.

The Imperfect refers to a past action which is incomplete or unfinished, often going on at the same time as a contemporary finished past action. Translated in English by 'was . . . ing'.

Chovia torrencialmente quando saímos. = It was raining heavily when we went out.
Ela estava a tirar uma fotografia quando escorregou. = She was taking a photograph when she slipped.

Two or more actions going on at the same time are expressed by the Imperfect:

Ela via televisão, mas eu ouvia rádio (telefonia). = She was watching television, but I was listening to the radio.
Ele já ia a uma grande distância, mas continuava a dizer-nos adeus. = He was already a great distance away, but continued to wave good-bye.

57

The Imperfect also shows the past action as repeated, habitual, not subordinated to a time limit. Translated in English by 'used to . . .'.

Ela alugava sempre um toldo ou uma barraca. = She always used to rent a shade or a beach tent.
A criada (empregada) engraxava os sapatos todas as manhãs. = The maid used to polish the shoes every morning.

The Imperfect is often used instead of a Conditional.

Queria umas pastilhas para a tosse. = I would like some cough lozenges.
Gostava de saber dançar. = I would like to know how to dance.

Let us compare some sentences using the Imperfect and Past Definite:

Conhecia-a há muitos anos. = *I knew her a long time ago*.
Conheci-a o ano passado. = *I met her last year*.

Você **sabia** que ele trabalhou na livraria? = *Did you know he worked in the bookshop?*
Soube-o ontem à noite. = *I heard it yesterday evening*.

Via-o passar todos os dias. = *I used to see him passing by every day*.
Vi-o passar na rua. = *I saw him pass by in the street*.

Ela nunca **vestia** fato de banho.[1] (maillot) = *She never used to wear a bathing suit*.
Ela nunca **vestiu** um fato de banho. = *She has never worn a bathing suit*.

[1] In Brazil: roupa de banho.

Demonstrative Adjectives and Pronouns

	Masculine	*Neuter*[1]	*Feminine*
(*this*)	este		esta
(*this thing*)		isto	
(*these*)	estes		estas
(*that*), *near to the person addressed*	esse		essa
(*that thing*)		isso	
(*that*), *over there*	aquele		aquela
(*that thing*)		aquilo	
(*those*)	esses		essas
	aqueles		aquelas

De quem é esta touca? = Whose cap (bathing cap) is this?
Essa é da minha prima. = That one is my cousin's.
Qué é isto? = What is this (thing)?
Não sei o que é isso. = I do not know what that is.
Para quem é esse brinquedo? = For whom is that toy?
É para aquele garoto. = It is for that little boy (over there).

Note: Demonstratives are combined with the prepositions 'de' and 'em':

Era nesta (em + esta) fábrica que trabalhava o filho daquele (de + aquele) pescador. = It was in this factory that the son of that fisherman used to work.

Isto, isso, and **aquilo** are demonstrative pronouns, and therefore are only used in place of nouns.

Vocabulary

alô (or **está**) = hallo
atender = to answer (telephone); to consider; to attend
avariar-se = to develop a fault
estar avariado = to be out of order

cachimbo m. = pipe
carta f. = letter
chamada telefónica f. = telephone call
fazer uma chamada = to make a telephone call
charuto m. = cigar

[1] This is an example of the rare neuter gender in Portuguese which has survived from the Latin.

cigarro m. = cigarette
correio m. = post, post-office
encomenda f. = order (for
  goods)
— **postal** f. = postal packet
  levantar uma — — = to collect a postal packet
escrever = to write
estar impedido = to be engaged (telephone)
fósforo m. = match
fumar = to smoke
impedir = to obstruct
impresso m. = printed form
isqueiro m. = lighter
jornal m. = newspaper
maço m. = packet; bundle
— **de cigarros** m. = packet of
  cigarettes
moeda f. = coin, currency

pedir = to ask (for); to beg
  (see Appendix II)
postal m. = postcard; (adj.)
  postal
bilhete — m. = postcard
— — **ilustrado** m. = picture
  postcard
recado m. = message
reclamação f. = complaint
revista f. = magazine; revue
selo m. = stamp
tabacaria f. = tobacconist
tabaco m. = tobacco
telefone m. = telephone
telefonar = to make a telephone call
telegrama m. = telegram
  mandar um — — = to send a
  telegram
troncas = trunk-call

Conversational Matter

— **Dava-me (dê-me), se faz favor, seis selos de um escudo (10
  tostões),[1] um selo de avião[2] para esta carta e seis bilhetes
  postais. Quanto é ao todo?** = Would you please give me six
  one escudo stamps (10 tostões), one airmail stamp for this
  letter, and six postcards. How much is that in all?

— **Doze escudos e cinquenta centavos (12 mil e 500).** = Twelve
  escudos and fifty centavos (12,500).

— **Queria também dois impressos para telegrama.** = I would also
  like two telegram forms.

— **Ali, junto à secretária, estão os impressos.** = The forms are
  there, beside the desk.

— **Desculpe, mas eu não queria mandar um telegrama normal, mas
  um telegrama carta.** = Excuse me, but I didn't want to send
  a normal telegram, but a letter-telegram.

[1] See Portuguese Coinage, Lesson 11.   [2] In Brazil: Selo aéreo.

— São os mesmos impressos. O preço é que varia. = The forms are the same. It is the price that varies.

———

— Qual é o 'guichet' para levantar encomendas postais? = Which is the window for collecting postal packets?

— Aquele lá ao fundo, mas tem que ir para a bicha (fila). = That one over there at the end, but you have to stand in the queue.

— Como está muita gente, aproveito para fazer uma chamada (telefónica). Pode trocar-me dois escudos e cinquenta (2 mil e 500) em moedas de cinquenta centavos (5 tostões)? = As there are many people, I shall take the opportunity to make a telephone call. Could you change (me) two escudos, fifty centavos (2,500) into fifty centavos (5 tostões).

— Vai fazer uma chamada local? = Are you going to make a local call?

— Não para fora (troncas). = No, a trunk call.

— Então, tem que pedir o número à telefonista. Aqui está o troco. = Then you have to ask the exchange for the number. Here is the change.

— Queria fazer uma chamada para . . . = I would like to make a call to . . .

— Pode atender na cabina (telefónica) Nº. 3 (número 3). = You can take (lit. attend) the call in booth No. 3.

— Muito obrigada. = Thank you very much.

— Está? (Alô!) É a Maria? Bom dia, Maria. A senhora está? = Hallo! Is that Maria? Good morning, Maria. Is your mistress in?

— Faz favor de esperar um momento, Senhora Dona Amélia (Sra. D.). Vou chamar a senhora. = Please wait a moment, Sra. D. Amélia, I shall call Madam.

— Amélia? Como estão todos? = Amélia? How is everyone?

— Bem, obrigada. E vocês? = Well, thank you. And you?

— Óptimos. Afinal, não consegui falar ontem com o Carlos. Tentei várias vezes, mas estava sempre impedido[1] (sempre a falar).

———

[1] In Brazil: ocupado.

Também já tentei esta manhã, mas agora o telefone está avariado. = Very well. I was unable to speak to Charles yesterday, after all. I tried several times, but the line was always engaged. I have also tried already this morning, but now the telephone is out of order.

— **Não tem importância. Eu telefono-lhe para o escritório. O número deve estar na lista (telefónica). Telefono-lhe mais tarde e digo-lhe o que combinámos. Se você não estiver, dou o recado à Maria.** = It doesn't matter. I shall telephone him at the office. The number must be in the directory. I shall telephone you later and tell you what we have arranged. Should you not be in, I shall give the message to Maria.

— **Carlos! Mas que coincidência. Ia mesmo agora falar-lhe. Poupei 5 tostões (50 centavos)!** = Charles! But what a coincidence. I was just about to call you. I saved 5 tostões!

— **Eu fiquei ontem à espera do vosso telefonema.** = I expected your telephone call yesterday.

— **O seu telefone está avariado. Já participámos às reclamações.** = Your telephone is out of order. We have already advised the engineers.

— **Ainda tem que fazer aqui no Correio? Estou com imensa pressa. Vou aqui mesmo ao lado comprar cigarros e uma lata de tabaco.[1]** = Have you still something to do here in the Post Office? I am in a great hurry. I am just going next door to buy cigarettes and a tin of tobacco.

— **Eu vou consigo. Volto depois ao Correio. A última tiragem[2] desta manhã é só daqui a uma hora. Tenho imenso tempo. De resto, também quero comprar umas coisas na tabacaria.[3]** = I'll go with you. I shall return to the Post Office afterwards. The last collection this morning is in an hour's time. I have all the time in the world. Besides, I have some things to buy at the tobacconist's.

---

[1] In Brazil: fumo.   [2] In Brazil: coleta.   [3] In Brazil: loja de fumo.

— Dê-me um maço de vinte cigarros com filtro, tabaco[1]; para cachimbo e uma caixa de fósforos. O meu isqueiro está escangalhado (avariado). = Give me a packet of twenty tipped cigarettes, pipe tobacco and a box of matches. My lighter is out of order.

— Como não fumo, não tenho esse problema. Quero comprar para meu pai uma caixa de charutos, e para mim uns jornais e revistas e alguns postais ilustrados. = Since I do not smoke, I do not have that problem. I want to buy a box of cigars for my father and some newspapers, magazines, and picture postcards for myself.

— Que charutos prefere o seu pai, minha senhora? = What cigars does your father prefer, Madam?

— Confesso que não sei, mas ele costumava fumar uns charutos bastante fracos. Que me aconselha, Carlos? = I must confess I don't know, but he used to smoke rather mild cigars. What do you advise (me), Charles?

— Essa caixa aí é de muito boa marca. Quando eu era rico, era só o que fumava. = That box there is a very good brand. When I was rich I smoked nothing else.

— Levo estes. Já acabou as suas compras? = I shall take these. Have you finished making your purchases now?

— Já. Vamos, em cinco minutos, discutir o passeio de domingo. Hoje é um dia terrível. É sempre assim todas as sextas-feiras. = Yes. Let's spend five minutes discussing Sunday's outing. This (lit. today) is a terrible day. It is always like this on Fridays.

Translate into Portuguese:

1. This telegram arrived while you were on (lit. at the) the phone.
2. I used to smoke a lot, but now I am smoking much less.
3. She was always in a great hurry and besides that she never paid (lit. gave) any attention to what we were saying.
4. She went to the Post Office more than an hour ago. I completely forgot to ask her to buy me some stamps.

[1] In Brazil: fumo.

5. The make of this car is (a) very good one, nevertheless it is always out of order.
6. That (near you) is for you and this is for your sister.
7. I don't know why, but I have never liked him.
8. Whose coat is that (lit. that is) in the corner on the chair?
9. Why didn't you ring (telephone) me last night?
10. I have told him my fiancée's name.
11. My sister brought me a present, but I never give her anything.
12. The prices varied from shop to shop.
13. Don't tell them what I have just told you.
14. I would like to go out, but I promised my (girl) friend to wait for her here.
15. She was just about to say it, but I made (her) a sign and she said nothing.
16. They knew you were here, but they didn't want to see you.
17. Why don't you come with me? I am sure it's going to be a marvellous trip.
18. They were out when I delivered the things this morning.
19. She was wearing (her) new dress.
20. That (over there) hat is not mine.

Key to the exercise:

1. Chegou este telegrama enquanto (*or* quando) você estava ao telefone.
2. Eu costumava fumar (*or* eu fumava) muito, mas agora estou a fumar muito menos.
3. Ela estava sempre com muita pressa, e além disso nunca dava (*or* prestava) atenção ao que dizíamos.
4. Ela foi ao Correio (*or* à Estação do Correio) há mais de uma hora. Esqueci-me, completamente, de lhe pedir para me comprar uns (*or* alguns) selos.
5. A marca deste carro é muito boa, contudo está sempre avariado.
6. Isso (*or* esse) é para si (*or* para você) e isto (*or* este) é para a sua irmã.
7. Não sei porquê, mas nunca gostei dele.

8. De quem é aquele casaco que está no canto em cima da cadeira?
9. Porque não me telefonou ontem à noite?
10. Eu disse-lhe o nome da minha noiva.
11. A minha irmã trouxe-me um presente mas eu nunca lhe dou nada.
12. Os preços variavam de loja para loja.
13. Não lhes diga o que acabei de lhe dizer (*or* o que lhe acabei de dizer).
14. Eu gostava de sair mas prometi à minha amiga esperar aqui por ela.
15. Ela ia mesmo a dizê-lo mas fiz-lhe sinal e ela não disse (*or* contou) nada.
16. Eles sabiam que você (*or* o senhor/a senhora) estava aqui mas não queriam vê-lo (*or* mas não o queriam ver).
17. Porque não vem comigo? Tenho a certeza que vai ser uma óptima viagem.
18. Eles não estavam quando entreguei as coisas esta manhã.
19. Ela trazia o vestido novo.
20. Aquele chapéu não é meu.

LESSON 6

In Portuguese, two compound tenses are used in the Indicative Mood: 'Pretérito Perfeito Indefinido' (Perfect Continuous), and 'Pretérito mais que Perfeito Indefinido' (Pluperfect Indicative).

The Perfect is formed with the Present Indicative of the auxiliary verb **TER** (or **Haver**) plus the past participle (ending in **-ado** for **-ar** verbs, **-ido** for the others) of the main verb. This tense expresses an action starting in the past and continuing *almost up* to the present, e.g. the action is not entirely completed. English people should not confuse it with the Past Definite, which indicates an action totally completed in the past.

> **Ùltimamente tenho comprado muitas coisas.** = I have been buying (I have bought) a lot of things lately.
>
> **Esta semana ele tem recebido muitas encomendas.** = This week he has been receiving (he has received) many orders.
>
> **Temos sentido muito calor.** = We have been feeling very warm.

But as finished action (Past).

> **Comprei muitas coisas.** = I (have) bought a lot of things.
>
> **Ele recebeu muitas encomendas.** = He (has) received many orders.
>
> **Sentimos muito calor.** = We felt very warm.

The Pluperfect is formed with the Imperfect of the auxiliary verb **TER** (or **Haver**) plus the past participle of the main verb. This tense expresses an action completed *prior* to another past action. In Portuguese, the same idea is expressed by using a simple tense ('Pretérito mais que Perfeito', see Appendix II), but it is used less frequently in colloquial speech.

> **Alguns barcos ainda não tinham chegado quando a lota começou.** = Some boats had not yet arrived when they commenced to auction the fish.

Já tinha estado aqui? = Had you been here before? (on a previous occasion?)

Quando ele chegou, eles já tinham desembarcado. = When he arrived they had already disembarked.

Some verbs have two past participles (**Particípio passado**): a regular and an irregular. The *Regular* one, as indicated above, is formed as follows:

Verbs ending in—

    ar . . . -ado   **aceitado (aceitar** = to accept)
    er . . . -ido   **rompido (romper** = to tear)
    ir . . . -ido   **tingido (tingir** = to dye)

These forms, always *invariable*, are used with the auxiliary verbs **'Ter'** (or **Haver**), although some forms are considered obsolete. In such cases the irregular form is used.

The *Irregular* forms, used mainly with the verbs '*Ser*' and '*Estar*', function as adjectives, so they must agree with the noun.

Têm prendido muitas pessoas. = Many people have been detained.

Estão presas muitas pessoas. = Many people are in prison.

List of some Past Participles (the obsolete forms are omitted):

	Regular	*Irregular*
abrir (*to open*)		aberto
aceitar (*to accept*)	aceitado	aceito (aceite)
acender (*to light*)	acendido	aceso
dizer (*to say*)		dito
escrever (*to write*)		escrito
enxugar (*to dry*)	enxugado	enxuto
expulsar (*to expel*)	expulsado	expulso
fazer (*to do*)		feito
ganhar (*to gain*)		ganho
gastar (*to spend*)		gasto
isentar (*to exempt*)	isentado	isento
limpar (*to clean*)	limpado	limpo
matar (*to kill*)	matado	morto

	Regular	*Irregular*
morrer (*to die*)	morrido	morto
pagar (*to pay*)		pago
pôr (*to put*)		posto
prender (*to detain*)	prendido	preso
romper (*to tear*)	rompido	roto
suspender (*to suspend*)	suspendido	suspenso
tingir (*to tint, dye*)	tingido	tinto
ver (*to see*)		visto
vir (*to come*)		vindo

Futuro Imperfeito (*Future Indicative*)

	Estudar	*Comer*	*Partir*
eu	estudarei	comerei	partirei
tu	estudarás	comerás	partirás
ele, ela, você	estudará	comerá	partirá
nós	estudaremos	comeremos	partiremos
vós	estudareis	comereis	partireis
eles, elas, vocês	estudarão	comerão	partirão

Only 'dizer', 'fazer', and 'trazer' are Irregular. See Appendix II.

Note: The Future is based on the Infinitive.

The Future is used less in European Portuguese than in English, often being substituted by the Present Indicative. It mainly emphasizes the futurity of the action.

> **Prometo que não me esquecerei.** = I promise that I shall not forget.
> **Farei o que me diz.** = I shall do what you tell me.
> **Iremos acampar.** = We shall camp.

When the Personal Object Pronoun follows the Future, the pronoun is inserted between the *infinitive* of the verb and the verbal ending (see rules in Lesson 3), except with the above three irregular verbs.

> **Ela contar-me-á tudo.** = She will tell me everything.
> **Eles acendê-lo-ão.** = They will light it.
> **Far-lho-ei.** = I will do it for you.
> **Ela não me contará.** = She will not tell me.

Note: Colloquially, these forms should be avoided, and re-placed by a Present Indicative or 'ir' + infinitive, although this is not always possible.

The compound tense (Future Perfect) is formed with the Future of the auxiliary verb **TER** (or **Haver**), plus the participle of the main verb and it indicates a past in the future.

Ele terá feito o exercício? = Will he have done the exercise?

Condicional Imperfeito (Conditional)

	Estudar	*Comer*	*Partir*
eu	estudaria	comeria	partiria
tu	estudarias	comerias	partirias
ele, ela, você	estudaria	comeria	partiria
nós	estudaríamos	comeríamos	partiríamos
vós	estudaríeis	comeríeis	partiríeis
eles, elas, vocês	estudariam	comeriam	partiriam

Only 'dizer', 'fazer', and 'trazer' are Irregular. See Appendix II.

Note: The Conditional is based on the Infinitive.

The Conditional is used less in European Portuguese than in English, often being substituted by the Imperfect. It stresses the improbability of the action. With object pronouns, the same rules apply as for the Future.

The compound tense (Conditional Perfect) is formed with the Conditional of the auxiliary verb **TER** (or **Haver**), plus the participle of the main verb, and it indicates a past in a conditional context.

Gostaria de ir caçar, mas não trouxe a espingarda. = I should like to go hunting, but I haven't brought my gun.

Ela teria comprado o fogão, mas era muito caro. = She would have bought the stove, but it was very dear.

Falar-lhe-íamos, se o víssemos. = We would have spoken to him if we had seen him.

Special Uses of the Definite Article

Unlike English, in Portuguese the article is used in the following cases:

(1) Names of Continents and provinces—

> A Europa
> O Ribatejo
> A Normandia

(2) Names of countries (masculine or feminine, depending on the ending), except: Portugal, Angola, Moçambique, Cabo Verde, Timor, and a few others.

> **A Grã-Bretanha é uma ilha.** = Great Britain is an island.
> **O Brasil é um país riquíssimo.** = Brazil is a very rich country.

but

> **Portugal exporta cortiça.** = Portugal exports cork.

(3) Names of towns which have a physical meaning in Portuguese.

> **O Porto é a capital do Norte.** = Oporto (lit. the port) is the capital of the North.
> **O Rio de Janeiro é uma das cidades mais belas do mundo.** = Rio de Janeiro (lit. River of January) is one of the most beautiful towns in the world.

but

> **Lisboa tem sete colinas.** = Lisbon has seven hills.
> **Londres tem muitas pontes.** = London has many bridges.

(4) Before Christian names, as a sign of close friendship and affection.

> **A Teresa é muito inteligente.** = Theresa is very intelligent.
> **O António vive perto da Sé (Catedral).** = Anthony lives near the Cathedral.

(5) Before possessive adjectives (as already mentioned).

> **O meu vestido de noite.**[1] = My evening dress.

> [1] In Brazil: Meu vestido a rigor.

(6) With parts of the body or clothing, instead of the English possessive adjective.

> **Tenho uma farpa no dedo.** = I have a splinter in my finger.
> **Perdi a cabeça.** = I lost my head.
> **Tire a gravata.** = Take off your tie.

(7) Before days of the week, and the time, preceded by a preposition.

> **No domingo dou-lhe uma boleia.**[1] = On Sunday I'll give you a lift.
> **Encontro-me consigo às 3 horas.** = I will meet you at 3 o'clock.

but

> **Quarta-feira é feriado.** = Wednesday is a holiday.
> **É uma e meia.** = It is half past one.

(8) Before 'senhor' and 'senhora', speaking about a third person or addressing someone, but not in the vocative.

> **A senhora está cansada?** = Are you tired?
>
> **O senhor Pereira é antipático.** = Mr. Pereira is not (a) nice (man).

but

> **Senhor Pereira, venha cá se faz favor.**[2] = Mr. Pereira, come here, please.

(9) Nouns used in a general sense.

> **A fruta está cara.** = Fruit is dear.
> **Os pais amam os filhos.** = Parents love their children.

but generally omitted after a verbal form:

> **Quer fruta?** = Do you want (any) fruit?
> **Gosta de melancia?** = Do you like watermelon?

---

[1] In Brazil: carona.
[2] In Brazil: venha cá, por favor (or faz favor).

(10) 'Casa', meaning home, has no article.

Estou em casa. = I am at home.

but

A casa do meu vizinho. = My neighbour's house.

Vocabulary

alguém = someone, somebody
alicerce m. = foundation
apólice f. = policy
arquitecto m. = architect
árvore f. = tree
— de fruto f. = fruit tree
assinar = to sign
canalizador m. = plumber
carpinteiro m. = carpenter
catálogo m. = catalogue
construção f. = construction
construir = to construct, build
electricidade f. = electricity
escritura f. = deed
gás m. = gas
ir buscar = to go and fetch
ligar = to connect; to bind; (colloq.) to pay attention
marcar = to mark
— hora = to make an appointment

mestre m. = master
— de obras m. = foreman
mostruário m. = sample book
ninguém = nobody, no one
notário m. = notary
obra f. = work, job
pedreiro m. = bricklayer
perguntar = to ask (a question)
plano m. = plan; project
poço m. = well
propriedade f. = property
quinta f. = farm; fifth
renda f. = rent
seguro m. = insurance
senhorio m. = landlord
terreno m. = plot of land, site
tinta f. = ink; paint
vender = to sell
venda f. = sale

Conversational Matter

— **Acha que faço boa compra?** = Do you think (find) I am making a good purchase?
— **Definitivamente. O terreno está bem situado, o poço ao fundo da propriedade[1] tem uma boa nascente e, além disso, tem imensas árvores de fruto. Você tem procurado muito?** =

[1] In Brazil: sítio.

Definitely. The site is well situated, the well at the rear of the property has a good spring, and besides that, it has many fruit trees. Did you have a long search?

— **Nem por isso. (Vá lá, nem por isso.) Já tinha visto duas outras quintas,[1] que estão para venda, e esta é a terceira.** = Not really. I had seen two other farms for sale, and this is the third.

— **Quando irá fazer a escritura?** = When will the deeds be signed?

— **Gostaria de fazê-la em breve. Há três dias dei o sinal, e agora é apenas legalizar a venda. Vou, esta tarde, marcar hora para o notário.** = I should like to do it soon. I paid the deposit three days ago, and now it is only a matter of legalizing the sale. This afternoon I'm going to make an appointment with the notary.

— **Se você precisar de alguém como testemunha, diga-me, que estou à sua disposição (às suas ordens).** = If you need someone to act as witness, let me know. I am at your disposal.

— **Já tinha pensado pedir-lhe, mas não queria maçá-lo.[2]** = I had already thought of asking you, but I didn't want to bother you.

— **Não me maça nada, terei imenso prazer.** = It is no trouble at all. I shall be very pleased (to do it).

———

— **O arquitecto acaba de me telefonar para dizer que os planos foram aceites (aceitos) pela Câmara Municipal.** = The architect just telephoned me to say that the plans were accepted by the Town Hall.

— **Maravilhoso! Então já podem começar com a construção.** = Marvellous! Then they can start to build now.

— **Já para a semana[3] começarão os pedreiros a construir os alicerces. Lá para o Natal estaremos instalados na nossa casa.** = In a week the bricklayers will start to lay the foundations. By Christmas we shall be settled in our house.

— **Quem me dera que fosse já amanhã. Estou farta de pagar renda**

———

[1] In Brazil: fazendas. [2] In Brazil: perturbá-lo.
[3] In Brazil: Para a semana.

ao senhorio.[1] = How I wish it could be tomorrow. I am tired of paying rent to the landlord.

— **Será por pouco tempo. Não te esqueças de ir ter comigo à Companhia de Seguros às 4 horas. Temos que assinar a apólice hoje sem falta.** = It will only be for a short time. Don't forget (fam.) to meet me at the (office of the) Insurance Company at 4 o'clock. We have to sign the policy today, without fail.

— **Estarei lá às 4 em ponto. Antes de ir ter contigo, aproveito para ir ver porcelanas para a casa de banho,**[2] **e ir buscar um catálogo (mostruário) de tintas. Quero tintas escuras e claras, mas em tons suaves.** = I shall be there promptly at 4. Before I meet you, I will take the opportunity to go and see fittings for the bathroom, and get a colour chart. I want both light and dark paint, but in soft tones.

— **Isto é o que se chama planear**[3] **com imensa antecedência.** = That is what is called planning very far ahead.

———

— **A Companhia do Gás e Electricidade prometeu mandar amanhã um funcionário para ligar os contadores. Alguém tem que vir para cá cedo para os deixar entrar.** = The Gas and Electricity Company promised to send an official tomorrow to connect the meters. Someone must come here early to let them in.

— **A mulher a dias**[4] **estará cá (aqui). Virão também do telefone?** = The daily woman will be here. Will the telephone people come too?

— **Não me parece. (Eu não creio.) Estou a ver que mudamos sem ter telefone. A Companhia não tem podido atender todos os pedidos.** = I don't think so. I can see that we shall be moving in without a telephone. The Company hasn't been able to attend to all the requests.

— **Mas tinham dito que viriam ligar o telefone em breve.** = But they (had) said they would come shortly to connect the telephone.

———

[1] In Brazil: proprietário.   [2] In Brazil: banheiro.
[3] In Brazil: planejar.   [4] In Brazil: empregada.

— Não tem grande importância. Nem sempre tudo corre como desejamos. O principal é ter água, gás, e electricidade. O carpinteiro e o canalizador[1] já acabaram o trabalho? = It doesn't matter much. Things don't always go as we would like. The main thing is to have water, gas, and electricity. Have the carpenter and the plumber finished their work yet?

— Ùltimamente, não os tenho visto. Eles tinham prometido ter tudo pronto a semana passada. Porque não pergunta ao mestre de obras? Ele deve saber. = I haven't seen them lately. They promised to have everything ready last week. Why don't you ask the foreman? He ought to know.

Translate into Portuguese:

1. Since this architect started to work he has been a great success.
2. Believe me, I would have told you everything.
3. He had already left for Brazil when (his) last daughter was born.
4. I shall have no time to see him, but at least I will write to him before he goes.
5. Lately, your sister has been wearing a new dress every day.
6. They will buy it (mas.) tomorrow without fail.
7. To buy a house it's necessary to have a great deal of money and I know I shall never have it.
8. What time was it (lit. would be) when he arrived last night?
9. He had already left when we arrived.
10. Up to now it hasn't been difficult to let our house.
11. My parents will be very pleased to know you.
12. I would like to go back, but my husband can't leave his work now.
13. Last month it rained a lot, but ever since we have had good weather.
14. For many years they went to Paris for the Summer, but this year they will stay with us on our farm.
15. The boy had (already) asked me to buy him a boat.

[1] In Brazil: bombeiro.

16. Since we have had the house we have bought something new every day.
17. They (mas.) have been waiting for you for more than one hour.
18. Lately he has written every week because he is not very busy at the factory.
19. We would have had time to do this work.
20. What have you been doing all day?

Key to the exercise:

1. Desde que este arquitecto começou a trabalhar ele tem feito um grande sucesso (or ele tem sido um grande sucesso).
2. Acredite-me, eu ter-lhe-ia dito tudo.
3. Ele já tinha partido para o Brasil quando nasceu a última filha.
4. Não terei (or tenho) tempo para o ver mas pelo menos escrever-lhe-ei (or escrevo-lhe, or vou escrever-lhe) antes dele se ir embora (or antes dele partir).
5. Ùltimamente, a sua irmã tem trazido um vestido novo todos os dias.
6. Eles comprá-lo-ão (or compram-no or vão comprá-lo) amanhã sem falta.
7. Para comprar uma casa é preciso (é necessário) ter muito dinheiro e eu sei que nunca o terei.
8. Que horas seriam quando ele chegou ontem à noite?
9. Ele já tinha partido quando chegámos.
10. Até agora não tem sido difícil alugar a nossa casa.
11. Meus pais terão muito prazer em conhecê-lo (or em o conhecer).
12. Eu gostaria de voltar (or de regressar), mas meu marido não pode deixar agora o seu trabalho.
13. O mês passado choveu muito mas agora (or mas desde então) temos tido bom tempo.
14. Durante muitos anos eles foram para Paris todo o Verão, mas este ano ficarão (or ficam) connosco na nossa quinta.

15. O rapaz já me tinha pedido para lhe comprar um barco.
16. Desde que temos a casa, todos os dias temos comprado qualquer coisa nova.
17. Eles têm estado à sua espera há mais de uma hora.
18. Ùltimamente, ele tem escrito todas as semanas porque não tem muito trabalho na fábrica.
19. Teríamos tido tempo para fazer este trabalho.
20. Que tem feito todo o dia?

LESSON 7

Presente do Conjuntivo (Present Subjunctive)

	Estudar	*Comer*	*Partir*
eu	estude	coma	parta
tu	estudes	comas	partas
ele, ela, você	estude	coma	parta
nós	estudemos	comamos	partamos
vós	estudeis	comais	partais
eles, elas, vocês	estudem	comam	partam

See Appendix II for Irregular Verbs.

While the 'Indicative Mood expresses the realization of a fact, considered in relation to a past, present, and future', the Subjunctive Mood expresses the fact in its possibilities of achievement. This tense is generally introduced by 'que' corresponding to 'may' and 'should' in English. It is based on the Present Indicative (first person singular).

Main uses:

1. *After* verbs expressing wishing, doubting, denial, prohibition, permission, command, etc., verbs of emotion and impersonal verbs.

> **Espero que faça boa viagem.** = I hope you (may) have a good trip.
>
> **Duvido que chova.** = I doubt that it will rain.
>
> **Nego que seja assim.** = I deny that it is so.
>
> **Não admito que ele seja malcriado.** = I don't allow him to be impolite (that he should be impolite).
>
> **Consinto que assine em meu nome.** = I consent to your signing (that you should sign) on my behalf.
>
> **Ordeno-lhe que saia desta fábrica.** = I order you to leave (that you leave) this factory.
>
> **Tenho pena que ela esteja doente.** = I am sorry she is (should be) ill.

É possível que ele feche o negócio. = It's possible that he may conclude the (business) deal.

Note: The command form of the Imperative (see Lesson 3) is a subjunctive form where the commanding verb has been omitted.

(mando que) Feche a porta. = (I order you to) Close the door.

The *Infinitive* is used instead of the subjunctive when the subject of the dependent and the main verb is the same. In this case the 'que' is dropped.

Espero fazer boa viagem. = I hope to have a good trip.
Duvido poder fazer isto. = I doubt if I can do this.
Tenho pena de estar doente. = I am sorry that I am ill.

2. After negative, or indefinite antecedents (relative clauses).

Não penso que **tenha** razão. = *I don't think you are right.*

but

Penso que **tem** razão. = *I think you are right.*

Tem uns sapatos que me **sirvam**? = *Have you any shoes which might fit me?*

but

Tem os sapatos que me **servem**? = *Have you the shoes which fit me?*

3. After several conjunctions, as for instance:

ainda que = although	**contanto que** = provided that
antes que = before	**embora** = although
até que = until	**para que** = in order that

Não me queimo, embora esteja sempre ao sol. = I don't get brown (burnt), although I am always in the sun.
Antes que ele se arrependa. = Before he regrets it.

4. After the adverb 'talvez' and the interjection 'oxalá'.

Talvez marque para o alfaiate. = I may make an appointment at the tailor's.
Oxalá ela não se perca! = It is to be hoped she won't get lost.

The compound tense (Present Perfect Subjunctive), is formed with the Present Subjunctive of the auxiliary verb **TER** (or **Haver**), plus the participle of the main verb.

Desejo que tenha chegado bem. = I hope that you have arrived safely.

Ele nega que tenha dito isso. = He denies having said that.

Plural of Nouns and Adjectives

General rules.

Ending in:

1. a vowel, add **s**
   o cavalo preto (*black horse*)—os cavalos pretos

2. ão
   (*a*) change to **ões**
       o porão (*ship's hold*)—os porões
   (*b*) add **s**
       a mão (*hand*)—as mãos
   (*c*) change to **ães** (*less common*)
       o pão (*bread*)—os pães

3. a consonant, except **m** or **l**, add **es**
       o embaixador (*ambassador*)—os embaixadores
       infeliz (*unhappy*)—infelizes

Exceptions:
       o lápis (*pencil*)—os lápis
       o alferes (*Second Lieutenant*)—os alferes

4. **m** change to **ns**
                a nuvem (*cloud*)—as nuvens

5. l, change **l** into **is** (or **s**)
       o quintal (*back yard*)—os quintais
       o túnel (*tunnel*)—os túneis
       o barril (*barrel*)—os barris
       o caracol (*snail; curl of hair*)—os caracóis
       o paul (*marsh*)—os pauis

Exceptions:

> o mal (*evil*)—os males
> o cônsul (*consul*)—os cônsules

Note: The masculine plural form also covers the combined masculine and feminine nouns of relatives.

> **os pais** = parents; fathers
> **os tios** = uncle and aunt; uncles

Exception:

> **os avós** = grandparents
> (**o avô** = grandfather; **a avó** = grandmother)

The masculine plural form of the adjective is used when it refers to masculine and feminine nouns together.

> Ele e ela são estudios**os**. = *He and she are studious.*

Compound nouns:

1. Perfect compounds—
   o pontapé (*kick*)—os pontapés
2. Formed with two nouns or a noun and an adjective—
   a couve-flor (*cauliflower*)—as couves-flores
   o amor-perfeito (*pansy*)—os amores-perfeitos
3. Formed with a verb, adverb, or preposition and a noun:
   o guarda-chuva (*umbrella*)—os guarda-chuvas
   além-mar (*overseas*)—além-mares
   a ave-do-paraíso (*bird of paradise*)—as aves-do-paraíso

Vocabulary

acelerar = to accelerate
acidente m. = accident
afligir = to distress; to worry
amachucar = to dent; to crease; to crush
ambulância f. = ambulance
arrombar = to force entry; to break into

atropelar = to run over
condução f. = conduction; driving
carta de — f.=driving licence
condutor m. = conductor; driver
conduzir = to drive; to conduct
consulado m. = consulate

dar parte de = to report
desastre m. = disaster, accident
esquadra f. = Police Station; fleet
  — da polícia = Police Station
farmácia = chemist's shop
fechar = to close, to shut
  — à chave = to lock
ferimento m. = wound, injury
garagem f. = garage
gatuno m. = thief
guiar = to drive; to guide
hospital m. = hospital
ladrão m. = thief, burglar
médico m. = doctor
motor m. = engine; motor

passaporte m. = passport
perder = to lose; to miss (train, chance, etc.)
pneu m. = tyre
polícia m. = policeman
polícia f. = police
pronto = ready
  — -socorro m. = breakdown truck
roubar = to steal
tirar = to take away; to remove; to take a course
viver = to live; to be alive
volante m. = steering-wheel; driver

Conversational Matter

— **Perdi o meu passaporte. Que devo fazer?** = I have lost my passport. What shall I do?

— **Já procurou bem? Às vezes guardamos as coisas tão bem que nunca mais as encontramos.** = Have you searched thoroughly? Sometimes we put away things so carefully (lit. so well) that we never find them again.

— **Já procurei por toda a parte. Vi mesmo por baixo (debaixo) da cama e dos tapetes e por trás (detrás) dos armários. Na pasta já vi mais de cem vezes. Não está em parte nenhuma.** = I've already searched everywhere. I even looked underneath the bed and the rugs, and behind the cupboards. I've looked more than a hundred times in my briefcase. It's nowhere.

— **A única coisa que tem de fazer é pedir um novo passaporte.** = The only thing to do is to ask for a new passport.

— **Isso sei eu,[1] mas o pior é que queria ir amanhã a Espanha.** = I know that, but the worst (of it) is that I would like to go to Spain tomorrow.

---

[1] In Brazil: Isso eu sei.

- Não me parece que possa ter o passaporte pronto já amanhã.
Telefone imediatamente para o seu Consulado. Só eles o
poderão informar da demora. = I don't think that you will
(may) be able to have the passport (ready) by tomorrow.
Telephone immediately to your Consulate. Only they will be
able to inform you of any delay.

———

— Senhor Guarda, saí do carro para ir comprar umas coisas e
quando voltei tinham-me roubado tudo que tinha lá dentro. =
Constable, I left my car to go and make a few purchases, and
when I returned everything that was in it had been stolen.
— O carro estava fechado à chave? = Was the car locked?
— Não me parece que o tenha fechado, mas não me consigo lembrar. As fechaduras não estão arrombadas. = I don't think I
locked it, but I cannot remember. The locks have not been
forced.
— Se não o fechou, a culpa, como deve compreender, é inteiramente
sua. Contudo, depois de eu examinar o carro, acompanhe-me
à esquadra[1] para dar parte do roubo e fazer uma descrição dos
artigos roubados. = If you didn't lock it, the blame, as you
will agree, is entirely yours. However, after I have examined
the car, come with me to the Police Station to report the
theft and give (make) a description of the stolen articles.
— O que me aflige são todos os documentos pessoais que me tiraram.
As outras coisas não tinham grande valor. = What worries
me are all the personal documents they took. The other
things were of no great value.
— Geralmente, os ladrões (gatunos) devolvem os documentos pelo
correio. Se assim podemos dizer, há uma certa 'honestidade'
no 'negócio'. = Usually, the thieves return the documents by
post. If we may say so, there is a certain amount of 'honesty'
in the 'transaction'.

———

— O que é que se passou? (Que se passou?)=What has happened?
— Rebentou-me um pneu da frente, embora tivesse posto (metido)

[1] In Brazil: gabinete policial.

pneus novos, há pouco tempo. Não consegui aguentar o carro, que embateu contra este carvalho. A frente do carro está completamente amachucada e tenho que chamar um pronto-socorro para o tirar daqui. O que me valeu foi vir a pouca velocidade. = A front tyre burst, though I had had new tyres fitted just a short time ago. I wasn't able to hold the car, which crashed against this oak. The front of the car is completely smashed, and I have to call a breakdown truck to tow it away. What saved me was that I was going slowly.

— Mas o senhor está a sangrar! É melhor chamar uma ambulância. = But you are bleeding! It would be better to call an ambulance.

— Por amor de Deus (Pelo amor de Deus), não é preciso. São apenas uns arranhões sem importância. Não creio que tenha ferimentos graves ou qualquer coisa partida (fracturada). O choque (o embate) não foi muito forte. Tive uma sorte tremenda. = For heaven's sake! It's not necessary. There are only a few slight scratches. I don't think there are any serious cuts or anything broken. It wasn't a very violent crash. I had tremendous luck.

— Mesmo assim, acho que seria melhor ir ao hospital, não só para fazer os pensos[1] desses ferimentos, como ser radiografado. = Even so, I think it would be better to go to hospital, not only to have those wounds dressed, but also to be X-rayed.

— Sinto-me perfeitamente bem. Só estou um pouco tonto (atordoado). Depois de tratar do assunto do carro, vou à farmácia e espero que lá me possam tratar dos ferimentos (das feridas). Não quero que se incomode mais. Foi imensamente amável. Só lhe peço mais um favor. Podia telefonar para uma garagem? = I feel perfectly all right. I am only slightly dazed. After attending to the matter of the car, I'm going to the chemist's and I hope that they will be able to treat the wounds there. Please don't bother any more. You have been extremely kind. I only ask one more favour. Could you telephone a garage?

---

[1] In Brazil: os curativos.

— **Que grande desastre se deu ali à esquina. Um carro entrou pela traseira de uma camioneta.** = What a dreadful disaster there has been there at the corner. A car ran into the rear of a van.

— **Ouvi o barulho. Há feridos? Foi alguém atropelado?** = I heard the noise. Was anyone hurt? Was anyone run over?

— **O condutor do carro, embora esteja vivo, apanhou uma valentíssima pancada. A polícia chegou logo a seguir e felizmente (graças a Deus) ia a passar noutro carro um médico, que está a examiná-lo.** = The driver of the car though he is alive, received a violent blow. The police arrived almost immediately, and a doctor who by good luck was passing in another car is examining him.

— **Os desastres (acidentes) estão a aumentar de dia para dia. Muitas pessoas não sabem conduzir[1] (guiar), ou não são cautelosas, outras acabam de tirar a carta de condução[2] e julgam que podem acelerar até a potência máxima do motor.** = Accidents are becoming more numerous every day. Many people don't know how to drive, or aren't careful and others have only just got their driving licence, and think they can accelerate to the full power of the engine.

— **Infelizmente, os bons volantes estão a desaparecer. Tenho visto ultrapassagens de pôr os cabelos em pé (de arrepiar os cabelos).** = Unfortunately, good drivers are becoming scarce (disappearing). I have seen hair-raising examples of overtaking.

Translate into Portuguese:

1. Although they have promised it for tomorrow, it will never be ready.
2. We doubt whether he will remember us.
3. I don't think he is coming today.
4. It's possible that they will arrive just on time.
5. Tell him to go away.
6. I shall send you a postcard so that you don't forget me.
7. This might be a good idea.

[1] In Brazil: dirigir.　　　　[2] In Brazil: carta de direção.

8. She will be happy provided that he changes a little.
9. What a pity he has left so early.
10. It's possible that I won't make up my mind.
11. I don't mind lending you my books provided that you don't lose them.
12. We hope you will come to see us (to visit us) often.
13. I can't believe that she is ill.
14. We shall not go out until you come.
15. He forbids anyone to go through here.
16. It's to be hoped that what he said is true.
17. Perhaps he has gone to fetch her.
18. Although I don't want to, I must do it.
19. I am very sorry I can't come to have dinner with you (pl.).
20. I might pay him a visit this afternoon.

Key to the exercise:

1. Embora eles o tenham prometido para amanhã, nunca (mais) estará pronto.
2. Duvidamos que ele se lembre de nós.
3. Não penso (*or* não me parece) que ele venha hoje.
4. É possível que eles cheguem mesmo a horas (*or* à hora certa).
5. Diga-lhe que se vá embora.
6. Mando-lhe (*or* mandar-lhe-ei) um postal para que (você) não se esqueça de mim.
7. Isto talvez seja uma boa ideia.
8. Ela será feliz contanto que ele mude um pouco.
9. Que pena que ele tenha partido tão cedo.
10. É possível que eu não me decida.
11. Não me importo de lhe emprestar os meus livros contanto que não os perca.
12. Esperamos que você nos venha ver (*or* visitar) muitas vezes.
13. Não posso acreditar que ela esteja doente.
14. Não sairemos (*or* não saímos) até que você venha.
15. Ele proíbe que alguém passe (*or* que se passe) por aqui.

16. Oxalá o que ele disse seja verdade.
17. Talvez ele tenha ido buscá-la.
18. Embora eu não queira, devo fazê-lo (*or* tenho que o fazer).
19. Tenho muita pena de não poder vir jantar convosco (com vocês, etc.).
20. Talvez vá visitá-lo esta tarde.

LESSON 8

Imperfeito do Conjuntivo (Imperfect Subjunctive)

	Estudar	*Comer*	*Partir*
eu	estudasse	comesse	partisse
tu	estudasses	comesses	partisses
ele, ela, você	estudasse	comesse	partisse
nós	estudássemos	comêssemos	partíssemos
vós	estudásseis	comêsseis	partísseis
eles, elas, vocês	estudassem	comessem	partissem

This tense is used in the same circumstances as the Present Subjunctive, but the introductory verb has to be in a *Past* or *Conditional* tense. It is based on the Past Definite (third plural). The compound tense (Past Perfect Subjunctive) is formed with the Imperfect Subjunctive of the auxiliary verb **TER** (or **Haver**), plus the participle of the main verb and conveys a prior action to the main verb.

Seria impossível que ele chegasse tão tarde. = It would be impossible for him to arrive so late.

Futuro do Conjuntivo ('Future' Subjunctive)

	Estudar	*Comer*	*Partir*
eu	estudar	comer	partir
tu	estudares	comeres	partires
ele, ela, você	estudar	comer	partir
nós	estudarmos	comermos	partirmos
vós	estudardes	comerdes	partirdes
eles, elas, vocês	estudarem	comerem	partirem

This tense is used when a *future idea* is expressed, after: **quando** (when), **enquanto (que)** (while), **assim que** (as soon as), **logo que** (as soon as), **como** (as), **conforme** (according to), **se** (if).

It is based on the Past Definite (third plural).

The compound tense (Future Perfect Subjunctive), is formed with the Future Subjunctive of the auxiliary verb **TER** (or **Haver**), plus the participle of the main verb and it conveys a past in the indefinite future.

The Imperfect Subjunctive can be used in the same circumstances as the Future Subjunctive when implying a hypothetical case.

Quando chegarmos a Portugal. = When we (shall) arrive in Portugal.

Enquanto os operários aqui estiverem. = While the workmen are (will be) here.

Assim que tiver tempo, entregarei os embrulhos. = As soon as I (shall) have time I shall deliver the parcels.

Faça como quiser. = Do as you wish.

If-Clauses

If-clauses	*Main clauses*

1. Referring to actual facts:

Se emagrece,	**é porque quer.**
(Present Ind.)	(Present Ind.)
If you slim (lose weight),	it is because you want to.

2. Doubtful condition in the future:

Se fosse assim tão simples,	**não estaria (estava) tão preocupada.**
(Imperfect Subj.)	(Cond. or Imperf. Ind.)
If it were so easy,	I would not be so worried.

3. Contrary to present facts:

Se fosse magro,	**poderia (podia) comer bombons.**
(Imperfect Subj.)	(Condit. or Imperfect Ind.)
If I were slim,	I could eat chocolates.

4. Contrary to past facts:

Se ele tivesse passado a fronteira,
 (Past Perf. Subj.)

If he had crossed the border,

teria (tinha) evitado todas estas maçadas.
 (Perfect. Cond. or Past Perf. Ind.)

he would have avoided these troubles.

5. Referring to future facts:

Se tivermos dinheiro,
 (Fut. Subj.)
If we have money

pagaremos (pagamos) a multa.
 (Fut. or Present Ind.)
we shall pay the fine.

Se o funcionário da alfândega for difícil,
 (Fut. Subj.)
If the Customs Officer is strict,

declare tudo.
 (Imperative)

declare everything.

Vocabulary

assistir = to attend; to assist
brincar = to play; to joke
camarote m. = box (theatre); cabin (boat)
cantar = to sing
cinema m. = cinema
concerto m. = concert
convidar = to invite
desafio m. = match; challenge
deixar = to leave (behind); to allow
— **de** = to cease from, stop; to give up; to fail to
não — — = not to fail to
filme m. = film
geral f. = gallery seat
investir = to invest (money); to charge

jogar = to play (a game); to gamble
— **às cartas** = to play cards
marcar bilhetes = to book seats
muitas vezes = often, many times
ópera f. = opera
ouvir = to hear; to listen to (see Appendix II)
— **dizer** = to hear (it said) that
peça f. = play; piece (machinery)
plateia f. = stall (theatre)
teatro m. = theatre
tocar = to play (an instrument); to touch
tourear = to fight bulls

Conversational Matter

— **Acabo de marcar um camarote para amanhã.** = I have just
booked a box for tomorrow.

— **Não sei porquê, embirro com camarotes. Prefiro sempre plateia
ou balcão. Mas como desta vez vou em boa companhia,
aceito a sua marcação.** = I don't know why, but I cannot
stand boxes. I always prefer stalls or the balcony. But as this
time I'm going in such good company, I accept your booking.

— **Você é muito exigente. Pobre da rapariga[1] que casar consigo.** =
You are very hard to please. I pity the girl who marries you.

— **Não falemos dos meus defeitos. Diga-me, como se chama a
peça?** = Let's not talk of my defects. Tell me, what is the
name of the play?

— **'Felizmente há Luar.' Dizem que vale a pena ver e as críticas
foram realmente esplêndidas.** = 'Fortunately there is Moonlight.' They say it's worth seeing, and the write-ups were
really splendid.

— **A que horas quer que a venha buscar?** = At what time do you
want me to call for you?

— **Por volta das 8. Se eu não estiver pronta, você espera um
bocadinho, não espera?** = Around 8 o'clock. Should I not
be ready, you'll wait a few moments, won't you?

— **Que remédio tenho eu! . . .** = What else can I do!

———

— **Vá ver este filme, é excepcional.** = Do go and see this film! it's
exceptional.

— **Este mês, estou completamente arruinado. Não sei se tenho
dinheiro que chegue para pagar uma geral.[2]** = I am stony-
broke this month. I don't even know if I'll have enough
money to pay a gallery seat (gods).

— **Se conseguir arranjar dinheiro, não deixe de o ver. Tem um
enredo fantástico e mantém a emoção até ao final (fim).** = If
you can scrape up the money, don't miss seeing it. It has a
wonderful plot, and the interest is kept up right to the end.

[1] In Brazil: moça.   [2] In Brazil: galeria.

— **Você vai muitas vezes ao cinema, não vai?** = You go often to the cinema, don't you?

— **Pensando bem, vou de facto muitas vezes. Mas quase sempre porque sou convidada.** = On thinking it over, I do really go often, but nearly always because I'm invited.

— **Essa sorte não tenho eu![1]** = I'm not so lucky!

———

— **Sempre vai ao desafio de futebol?** = Are you still going to the football match?

— **Não, não posso. A minha mulher combinou com uns amigos irmos todos à ópera. Ela ficaria muito zangada, se eu trocasse a ópera pelo futebol.** = No, I cannot. My wife arranged with some friends for us all to go to the opera. She would be very cross if I preferred football to the opera.

— **Tenho pena que não vá. Fica para a próxima vez. Eu também não sei se vou. Disseram-me que a lotação está esgotada[2] (a casa está toda passada), e não estou para pagar o preço de um agente. Provàvelmente, acabo por seguir os seus passos e vou a um concerto.** = I'm sorry you're not going. Maybe next time. I don't know if I'm going either. I have heard that the booking office is sold out, and I'm not willing to pay agents' prices. Probably, I'll end by following your example and going to a concert.

— **Ouvi dizer que está cá[3] agora um pianista maravilhoso que dá, dentro em breve, um concerto na Estufa Fria.** = I understand there is a marvellous pianist here just now who is going to give a concert shortly at the 'Estufa Fria' (The cold greenhouse.)

— **Vou tentar arranjar bilhetes.** = I shall try to get tickets.

———

— **Os espanhóis dizem que nós não toureamos, mas sim brincamos com o touro.** = Spaniards say that we do not fight but only play with the bull.

---

[1] In Brazil: Eu não tenho esta sorte!
[2] In Brazil: os ingressos estão esgotados.   [3] In Brazil: que chegou.

— **Talvez tenham razão. Mas para mim, nada chega a uma tourada
à portuguesa com cavaleiros e forcados.** = They may be right.
But to my mind there's nothing to touch a Portuguese bullfight with horsemen and 'forcados'. (Men who hold the bull
by the horns.)

— **Se eu fosse mais novo, gostaria de lidar[1] um touro.** = If I were
younger I should like to fight a bull.

— **Confesso que sou muito cobarde! Prefiro assistir a participar.
Lembro-me de há muitos anos ir a Vila Franca a uma espera
de touros. Cheio de coragem, saltei para a rua. Um novilho
investiu, e eu subi ao primeiro candeeiro que encontrei à mão,
e aqui acabaram os meus sonhos de ser toureiro.** = I confess
to being an awful coward. I prefer watching to taking part. I
remember going years ago to Vila Franca to wait for the
bulls (to run through the streets). Full of courage, I leapt
into the street. A young bull charged, and I climbed the first
lamp-post I came to, and there ended my dreams of becoming a bullfighter.

— **Isso acontece a muito boa gente! Depois da tourada vou encon-
trar-me com uns amigos e vamos a um retiro de fados. Venha
connosco.** = That happens to even the best people! After the
bullfight I am going to meet some friends, and we're all
going to a 'retiro de fados' (kind of night-club). Come with
us.

— **Terei imenso prazer. Adoro ouvir cantar o fado.** = I shall be
delighted. I love listening to the 'fado'.

Translate into Portuguese:

1. When the 'daily' arrives, tell her to come tomorrow as
   well.
2. If it were possible, I would stay with my uncle and aunt.
3. I doubt if they lost the tickets.
4. It would have been a good concert had it not been for the
   noise.
5. It's a pity you didn't watch the programme.

[1] In Brazil: tourear.

6. If I go to Portugal, I shall go to a bullfight.
7. Perhaps your brothers were cross.
8. As soon as I kill an elephant I will send you 'our' photo.
9. It was such a surprise that I couldn't believe my grandparents were here.
10. If you can't sleep, don't drink so much coffee.
11. As soon as our house is ready we shall give a big party.
12. As long as he doesn't give up smoking, I shall not speak to him.
13. If you like, we could go for a walk.
14. If his wife is so worried, why doesn't she send him a telegram?
15. How I wish I had money.
16. I could take her out, if she were pretty.
17. When you decide what you want to do, let me know.
18. I don't think she has signed the deed without reading it.
19. I would not have minded buying the bread (pl.), provided your sisters had bought the flowers.
20. I hope the exercise has been easier than it seemed.

Key to the exercise:

1. Quando chegar a mulher a dias, diga-lhe para vir também amanhã.
2. Se fosse possível, ficaria (*or* ficava) com os meus tios.
3. Duvido que eles tenham perdido os bilhetes.
4. Teria sido um bom concerto, se não fosse o barulho.
5. É pena que (você) não tenha visto o programa.
6. Se eu for a Portugal, irei a uma tourada.
7. Talvez os seus irmãos estivessem zangados.
8. Assim que (*or* logo que) matar um elefante, mandar-lhe-ei (*or* mando-lhe) a 'nossa' fotografia.
9. Foi uma tal surpresa (*or* foi uma surpresa tão grande) que não podia acreditar que os meus avós estivessem aqui (cá).
10. Se não pode dormir, não beba tanto café.
11. Assim que (*or* logo que) a nossa casa estiver pronta, daremos (*or* damos) uma grande festa.

12. Enquanto ele não deixar de fumar, não falarei (*or* falo) com ele.
13. Se quiser, podemos ir dar um passeio.
14. Se a mulher dele está tão preocupada, porque não lhe manda um telegrama?
15. Quem me dera ter dinheiro.
16. Poderia (*or* podia) sair com ela, se ela fosse bonita.
17. Quando decidir o que quer fazer, diga-me.
18. Não penso (*or* não julgo) que ela tenha assinado a escritura sem a ler.
19. Não me teria (*or* tinha) importado de comprar os pães, contanto que as suas irmãs tivessem comprado as flores.
20. Espero que o exercício tenha sido mais fácil do que parecia.

LESSON 9

The Infinitive

Portuguese is the only Romance language which has two infinitives, the normal Impersonal (non-inflected) Infinitive and the Personal (inflected) Infinitive.

Uses of the Impersonal Infinitive:

1. When the verb indicates the action in general, as if it were an abstract noun.

> **Deitar cedo e cedo erguer, dá saúde e faz crescer.** = Early to bed and early to rise, makes a man healthy and wealthy and wise.
> (Lit: Early to bed and early to rise, makes one healthy and makes one grow.)

2. When the infinite is linked with such verbs as **poder, saber** (only when meaning 'to know how'), **dever, haver de, ter de, querer, fazer, mandar, deixar, costumar, começar a, acabar de, ir** (as a future idea), **tornar a, desejar, gostar de, vir,** etc.

> **Podemos fazer barulho?** = May we make a noise?
> **Não sabemos falar bem português.** = We cannot speak Portuguese well.
> **Vou dizer-lhe adeus.** = I am going to bid him good-bye.
> **Gosto de os arreliar.**[1] = I like to tease them.

3. Preceded by a preposition.

> **Estou cansada de andar tanto.** = I am tired of walking so much.
> **Ele acabará por aprender.** = He will end by learning (He will learn in the end).
> **Estou a descansar.**[2] = I am resting.

[1] In Brazil: molestar, or mexer com eles.
[2] In Brazil: Estou descansando.

4. As the Imperative, in sudden orders or those addressed to nobody in particular.

>**Apontar! Fogo!** = Take aim! Fire!
>**Não cuspir no chão.** = Do not spit on the ground.

5. As a noun.

>**O beber muito faz mal.** = Drinking too much is harmful.
>**O nascer do sol.** = Sunrise (the rising of the sun).
>**O pôr do sol.** = Sunset (the setting of the sun).

Personal Infinitive (Infinito Pessoal)

eu	estudar
tu	estudares (inf. + **es**)
ele, ela, você	estudar
nós	estudarmos (inf. + **mos**)
vós	estudardes (inf. + **des**)
eles, elas, vocês	estudarem (inf. + **em**)

This tense constitutes one of the most difficult problems of Portuguese syntax. However, further reading will enable the student to come to terms with it. In general, the Personal Infinitive is used after a preposition, or an impersonal expression, except in cases given in Rule No. 2, above.

Having no equivalent in English, its translation cannot be grammatically accurate. For the purpose of greater understanding, only the second singular and first and third plural are used in the examples given here.

Uses of the Personal Infinitive

1. When the subject of the infinitive is expressed (noun or pronoun).

>**É preferível fazeres tu o trabalho sòzinho.** = It is better that you should do the work alone.

Este livro é para nós lermos. = This book is for us to read.
Ao chegarem as visitas, ela foi para a cozinha. = When the guests arrived she went to the kitchen.

2. When it is desired to lay emphasis on the subject of the infinitive (other than that of the main verb), to avoid ambiguity.

Surpreende-me seres o campeão. = I am surprised that you should be the champion.
Depois de pormos a mesa, eles sentaram-se. = After we laid the table, they sat down.
Antes de me falarem já eu os tinha visto. = Before they spoke to me I had already seen them.

3. When the intention is to stress the subject of the infinitive.

Tu, fazeres um sacrifício? = *You* sacrificing yourself?
Não falemos sem termos a certeza do que se passou. = Let's not speak without being sure of what happened.
Levantaram-se mais cedo para se despedirem de si.[1] = They got up earlier to bid you good-bye.

Note: The Personal Infinitive can also replace the subjunctive.
É pena não sabermos contar a história.
or
É pena que não saibamos contar a história.
(It is a pity we cannot (should not know how to) tell the story.)

Gerúndio (Present Participle)

> estudar . . . estud**ando**
> comer . . . com**endo**
> partir . . . part**indo**

This tense has a much more restricted use than in English. In European Portuguese it is principally used to synthetize some circumstances—time, manner, condition, cause, etc.—expressed in a subordinate clause, where the subject is the same as the subject of the main clause.

[1] In Brazil: de você.

Pegando na tesoura, começou a cortar. = Taking up the scissors, (she) began to cut.

Sendo assim, aceito. = That being so, I accept (In that case, I accept).

In Brazil it is widely used (mostly in the continuous form).

Estou pescando. = I am fishing.

Ele ficou falando até de madrugada. = He carried on talking until dawn.

Ela continuou sentindo frio. = She continued to feel cold.

Prepositions

Your attention is drawn to 3 points about prepositions:

1. In Portuguese, a verbal form after a preposition takes the Infinitive.

Ela ralhou-me **por** ter chegado tarde. = *She scolded me for arriving late.*

Esqueci-me **de** lhe dizer. = *I forgot to tell him.*

Para mostrar que estava zangada, voltei-lhe as costas. = *In order to show that I was annoyed I turned my back on him.*

2. **Por** generally expresses 'through' a place or a time and is also used in various expressions:

Vou **por** Paris.[1] = *I go by (through) Paris.*

Eles vêm apenas **por** três dias. = *They are coming for only three days.*

Por acaso. = *By chance.*

Por assim dizer. = *So to speak.*

Para generally expresses destination, direction and 'in order to':

Vou **para** casa. = *I am going home.*

Comprei uns óculos escuros **para** si. = *I bought a pair of sunglasses for you.*

Esta ficha é **para** a polícia. = *This card is for the police.*

[1] In Brazil: Vou passar por Paris.

Volte **para** trás. = *Turn back.*

Estes rebuçados[1] não estão bons **para** consumo. = *These sweets are unfit for consumption.*

3. The preposition **a** introduces the indirect object:

Escrevi uma carta **ao** meu primo. = *I wrote a letter to my cousin.*

Pergunte **ao** carteiro. = *Ask the postman.*

Some Verbs Which Require a Preposition Before an Infinitive

acabar de = to finish; to have just + past participle
aconselhar a = to advise
ajudar a = to aid, help
começar a[2] = to begin
esquecer-se de = to forget
gostar de = to like
lembrar-se de = to remember
obrigar a = to compel
pedir para = to ask (to)
pensar em = to intend; to think of
precisar de[3] = to need
preparar-se para = to get ready to
voltar para = to return to

Some Verbs Followed by a Preposition

assistir a = to attend
aproximar-se de = to approach
casar-se com = to get married
chegar a = to arrive; to reach
dar com = to find
dar para (sobre) = to overlook
duvidar de = to doubt
encontrar-se com = to meet

---

[1] In Brazil: balas.
[2] In Brazil: começar + present participle.
[3] In Brazil: precisar + infinitive.

entrar em = to enter (into)
ir a, para = to go to
ir de = to go by (car, etc.)
mudar de = to change
obedecer a = to obey
olhar para = to look at
parecer-se com = to resemble
passar de = to exceed
pegar em[1] = to get hold of; to seize
reparar em = to notice
rir de = to laugh at
sonhar com = to dream of
sorrir para = to smile at
vir a, para = to come
vir de = to come by (car, etc.); to come from

Vocabulary

abrigar = to shelter
acontecimento m. = event
amizade f. = friendship
atingir = to reach
Canal da Mancha = English Channel
corte f. = court
dote f. = dower
exemplar m. = specimen; copy
fugir = to flee
ilha f. = island
império m. = empire
inédito = unprecedented
infante m. = infant (prince)
Inglaterra f. = England
inquebrantável = unbreakable
lançar = to throw; to cast
— a semente = to sow

ligação f. = link
matrimónio m. = marriage
mouro m. = Moor
mundo m. = world
museu m. = museum
nação f. = nation
nau f. = vessel
ócios m. pl. = idleness
Pátria f. = Motherland
secular = long-lasting; for centuries
semente f. = seed
sulcar = to plough (seas); to hazard
Tamisa m. = Thames
Terra Santa f. = Holy Land
tratado m. = treaty

---

[1] In Brazil: pegar (without a preposition).

A Aliança Anglo-Portuguesa

Há já seis séculos que a Inglaterra e Portugal são duas nações aliadas. Antes mesmo de serem iniciadas as negociações de aliança, os cruzados ingleses, a caminho da Terra Santa, auxiliaram os portugueses na conquista da cidade de Lisboa aos mouros (1147).

No século XIV, em Junho de 1373, foi assinado o primeiro tratado de aliança entre os dois países.

Ao abrigo deste tratado, de 1384 a 1390, uma frota de guerra portuguesa patrulhou e defendeu a costa sul da Inglaterra contra as frequentes incursões da poderosa armada castelhana, tendo seis galeras protegido as cidades do estuário do Tamisa contra os ataques de galeras francesas e bascas.

A esposa do rei português D. João I, Dona Filipa, era filha de João de Gaunt, Duque de Lancaster. Deste matrimónio, entre outros filhos ilustres, nasceu o Infante D. Henrique, conhecido entre os ingleses como 'Prince Henry the Navigator'. Este príncipe fundou em 1418, em Sagres, no Algarve, uma Escola de Navegação que se transformou no pilar base da ciência náutica e cartográfica da época. De Sagres partiram as caravelas portuguesas que contornaram parte da costa africana. A semente tinha sido lançada, e no dia 8 de Julho de 1497 saiu de Belém, em Lisboa, a esquadra comandada por Vasco da Gama, sulcando assim as naus portuguesas o Oceano Índico e atingindo a Índia por mar, acontecimento inédito no mundo ocidental.

No século XVII, a princesa portuguesa Catarina de Bragança casa com Carlos II, da Inglaterra. Como dote, a Inglaterra recebia a cidade e fortaleza de Tânger, e a ilha de Bombaim, que de certo modo iniciou o império inglês na Índia. D. Catarina introduziu o costume de beber chá na corte inglesa. Este casamento renova o tratado de aliança e os dois países prometeram, uma vez mais, a ajuda mútua em momentos de perigo.

A Inglaterra, devido ao respeito pelo indivíduo e ao seu liberalismo, foi muitas vezes o refúgio de homens políticos portugueses. No século XIX, as cidades inglesas do Canal da Mancha abrigaram elevada concentração de portugueses, fugidos muitos

deles às invasões francesas. Estes homens, para entreter seus
ócios de exilados e estabelecer uma ligação com a Pátria, dedi-
caram-se ao jornalismo, sendo um dos jornais dirigido por um
grande escritor português, Almeida Garrett. Encontram-se,
ainda hoje, alguns exemplares no Museu Britânico. Neste movi-
mento de solidariedade fundaram vários bares, um ainda existente
na cidade de Plimude (Plymouth).

As vicissitudes históricas são enormes, mas esperemos que uma
aliança de seis séculos cimente e torne inquebrantável[1] uma
amizade secular.

The Anglo-Portuguese Alliance

England and Portugal have been allied nations for (as long as)
six centuries. Even before negotiations for an alliance started, the
English Crusaders, on their way to the Holy Land, helped the
Portuguese to capture the city of Lisbon from the Moors (1147).

In the 14th century, in June 1373, the first treaty of alliance was
signed between the two countries. Under this treaty, from 1384
until 1390, a Portuguese war fleet patrolled and defended the
South coast of England against the frequent incursions of the
powerful Castilian fleet. Six galleys protected the estuary towns of
the Thames against attack by the French and Basque galleys.

The wife of the Portuguese King John I, Queen Philippa, was
the daughter of John of Gaunt, Duke of Lancaster. Of this
marriage, among other eminent children, was born Prince Henry,
known to the English as 'Henry the Navigator'. In 1418 this
prince founded a School of Navigation at Sagres in the Algarve,
which became the pillar of naval and cartographic science of the
times. From Sagres, the Portuguese caravels set out, and circled
part of the African coast. The seed had been sown, and on July
8th, 1497, the fleet, commanded by Vasco da Gama, departed
from Belém in Lisbon, the Portuguese vessels faced the hazards of
the Indian Ocean and reached India by sea, an unprecedented
event in the Western world.

[1] In Brazil: inquebrável.

In the 17th century, the Portuguese princess, Catherine of Braganza, married Charles II of England. As a dowry, England received the city and fortress of Tangier and the Island of Bombay, which, in a way, started the British Empire in India. Queen Catherine introduced the custom of drinking tea in the English Court. This marriage renewed the treaty of alliance, and the two countries promised, once again, mutual help in time of danger.

England, due to its respect for the individual and its liberalism, was many times the refuge of Portuguese politicians. In the 19th century, the towns of the English Channel sheltered a high concentration of Portuguese, many of whom had fled from the French invasion. These men, to occupy the idleness of exile, and to establish a link with their Motherland, dedicated themselves to the publication of newspapers, one of which was edited by the great Portuguese writer Almeida Garrett. Even today, some specimens can be seen in the British Museum. In this spirit of solidarity, they founded several 'pubs', one of which still exists in the city of Plymouth.

The historic vicissitudes are enormous, but we hope that an alliance which has lasted for six centuries will keep a long-lasting friendship unbroken and firm.

Translate into Portuguese:

1. Before they invited us they went to have a word with our neighbours.
2. What do you want the car for?
3. I don't want to sit far from you.
4. It's better that we go first.
5. I say it for the last time, we don't want to hear any more noise.
6. He has built a new house for his mother.
7. The rain compelled the players to leave the field.
8. Get ready (lit. prepare yourself) to go for a drive.
9. We would like to see him, but we don't know in which hotel he is staying.
10. I am only going for a fortnight.

11. On seeing us they crossed the street.
12. The baby looks very much like his father.
13. He told me the same old story again.
14. The fisherman smiled at me and gave me this enormous fish.
15. He does this for pleasure.
16. Do you live far from here?
17. I have not managed to see her, but I know she was living quite near me until recently.
18. They have pretended not to see us to avoid carrying our luggage.
19. He laughs at everything.
20. These English people have to change trains, don't they?

Key to the exercise:

1. Antes de nos convidarem, falaram com os nossos vizinhos.
2. Para que quer o carro?
3. Não me quero sentar longe de si (*or* você, etc.).
4. É melhor nós irmos primeiro.
5. Digo-o pela última vez, não queremos ouvir mais barulho.
6. Ele construiu (*or* mandou construir) uma casa nova para a mãe.
7. A chuva obrigou os jogadores a deixarem o campo.
8. Arrange-se (*or* prepare-se) para ir dar um passeio de carro.
9. Gostaríamos (*or* gostávamos) de o ver, mas não sabemos em que hotel ele está.
10. Vou apenas por quinze dias.
11. Ao verem-nos, atravessaram a rua.
12. O bebé parece-se muito (*or* bastante) com o pai.
13. Ele contou-me outra vez a velha história do costume.
14. O pescador sorriu para mim e deu-me este peixe enorme (*or* enorme peixe).
15. Ele faz isto por desporto (*or* por prazer).
16. Mora longe daqui?
17. Ainda não consegui vê-la, mas sei que vivia (*or* estava a viver) perto de mim até há pouco tempo (*or* até recentemente).

18. Eles fingiram não nos ver para não terem (*or* para evitarem ter que) que levar a nossa bagagem.
19. Ele ri-se de tudo (*or* ele acha graça a tudo).
20. Estes ingleses (*or* estes senhores ingleses) têm que mudar de comboio, não têm?

LESSON 10

Forms of beginning and ending letters

To a Commercial Firm:

Amigos e Srs.

or

Ex.mos Senhores,

De V. S.as [1]
muito atenciosamente

or

De V. Ex.cias
muito atenciosamente

To an Individual:

Amigo e Sr.

or

Ex.mo Senhor,

Prezado Senhor

Minha Senhora,

or

Ex.ma Senhora,

Prezada Senhora

De V. S.a

muito atenciosamente

or

De V. Ex.cia
muito atenciosamente

[1] V.S.as = Vossas Senhorias.
The form:
De V. S.as
At.os Venrs. e Obrig.os
(atentos, veneradores e obrigados)
is also used, although now considered obsolete.

107

To Friends, in descending order of formality:

Caro Senhor . . .	Senhora D.ª Maria Beatriz
Caro amigo	Cara amiga
António	Maria Beatriz
Querido António	Querida Maria Beatriz

Com os meus cumprimentos
Com um abraço, do amigo
Com muitas saudades do

Note: In these informal letters, the sender's address is normally written on the back of the envelope.

[1]Beginning of commercial letters:

Em resposta à v/[2]estimada carta de 13 (de Junho, do corrente), queremos informar que . . .

Agradecemos e acusamos recepção da v/carta datada de . . ., cujo conteúdo mereceu a n/[3]melhor atenção.

Satisfazendo com o maior prazer o pedido de V.S.ªˢ, vimos comunicar que . . .

Conforme a ordem de V.S.ªˢ de 13 p.p.º (próximo passado), tomamos a liberdade de enviar incluso (em separado) . . .

Cumpre-nos informar V.S.ªˢ que . . .

Lamentamos profundamente comunicar que . . .

Como ainda não recebemos resposta de V.S.ªˢ, queremos informar que . . .

Ending of commercial letters:

Com a mais elevada consideração, nos subscrevemos

Esperando para breve o favor das v/ notícias, subscrevemo-nos

Na esperança de receber brevemente as v/ estimadas ordens, somos

Agradecendo desde já as encomendas que nos irão passar, somos com muita consideração

---

[1] See Vocabulary.   [2] v/ vosso, vossa, etc.   [3] n/ nosso, nossa, etc.

Addressing an envelope:

Ex.$^{mo(s)}$ Senhor(es)   A
  José Silva   Companhia . . .
    Praça da . . ., 272, r/c Esq.[1]   Largo do . . ., 15–1º Dt.[2]
    Porto   Coimbra

Example of a commercial letter:

Londres, 7 de Maio de 19. .
n/Ref.   v/Ref.

Il.^{mos} Srs. (Ilustríssimos Senhores)
Pereira & C.^{a}, L.^{da} (Limitada)
. . . . . .

Amigos e Srs.[3]

Acabamos de receber as mercadorias da n/ encomenda de 15 do mês findo, assim como a respectiva factura.

Julgamos que em virtude de mau acondicionamento 7 (sete) copos chegaram partidos, esperando portanto que sejam substituídos ou que o seu custo nos seja creditado.

O pagamento da factura será efectuado assim que este assunto estiver esclarecido.

Na esperança de recebermos brevemente as estimadas notícias de V.S.^{as} somos,

De V. S.^{as}
muito atenciosamente

Commercial and financial terms:

Abrir conta bancária = to open a bank account
Acções = shares
Activo e passivo = assets and liabilities
Administrator = Director
Agência = agency

---

[1] r/c Esq. = rés-do-chão esquerdo (ground floor, left side). In Brazil: térreo.
[2] 1º Dt. = primeiro andar direito (first floor, right side).
[3] See Vocabulary.

Agente = agent
Alfândega = Customs
Alvará = official permit
Amortizar = to amortize
Amostra = sample
Apólice = policy
Armazém = warehouse; department store; store-room
Arquivar = to file
Assembleia Geral = general meeting
Assinar (assinatura) = to sign (signature)
Aval = credit guarantee
Balanço = balance (account)
Banco = bank
Bens imóveis = real estate
Bolsa = stock exchange
Cabograma = cablegram
Caderno de encargos = specification book
Caixa = cashier; cash desk
Caixeiro-viajante = travelling salesman
Câmbio = rate of exchange
Cambista = money-changer
Cancelar = to cancel
Capital (o) = capital
Carta de: apresentação, crédito, intenção = letter of: introduction, credit, intent
Cartão de visita = visiting card
Cheque: ao portador, à ordem, cruzado, sem cobertura, de viajante = bearer; certified; crossed; return to drawer; traveller's cheque
Cliente = client, customer
Cobrar (cobrança) = to collect (bills)
Comércio = trade
Comissão = commission
Companhia = Company
Condições de pagamento = terms of payment
Conta: corrente, depósito, aberta, em participação = current; deposit; account; joint account

Consulta = enquiry
Contabilista = accountant
Contribuição = tax (on property, etc.)
Corretor de bolsa = exchange-broker
Crédito: a longo prazo, a curto prazo = long; short-term credit
Depositar = to deposit
Desconto = discount
Despachar = to despatch
Devolver = to return
Director = General Manager
Direitos = duty
Documento: de compra e venda, de embarque = bill of (purchase and) sale; shipping document
Embalar (embalagem) = to pack (packing)
Empresa = firm, company
Emprestar (empréstimo) = to lend (loan)
Encomenda = order
Endossar = to endorse
Escrita = book-keeping
Expedir = to ship; to send
Exportar = to export
Fábrica = factory
Factura = invoice; bill of sale
Falir (abrir falência) = to go bankrupt
Fiador = guarantor
Fiança = security; bail
Firma = firm
Fornecedor = supplier
Fretar = to charter
Garantia = guarantee
Gerente = Manager
Guarda-livros = book-keeper
Herdar (herança) = to inherit (inheritance)
Herdeiro = heir
Hipotecar (hipoteca) = to mortgage (a mortgage)
Importar = to import
Imposto = tax (on personal income, purchase, etc.)

Indemnizar[1] = to indemnify
Indústria = industry
Insolvente = insolvent
Inventário = inventory
Isentar (isento) = to exempt
Juiz = judge
Julgamento = trial
Juro = interest
Lançar à conta = to charge on account
Lei = law
Letra = promissory note; bill of exchange
Levantar dinheiro = to draw cash
Levar à praça (a leilão) = to auction
Licença = licence
Liquidar, fechar uma conta (liquidação) = to sell out, to settle an account
Livro de cheques = cheque book
Lucros e perdas = profit and loss
Mercado = market
Mercadoria = goods
Mostruário = sample book
Negociante (comerciante) = businessman, merchant
Negócio = business
Obrigações = bonds (preference shares)
Orçamento = budget; estimate
Pagamento = payment
Passar uma encomenda = to place an order
Pauta alfandegária[2] = customs tariff
Penhor = pawn; pledge
Percentagem = percentage
Peso: líquido, bruto = net; gross weight
Praça = market
Prazo de entrega = delivery date
Preço: líquido, de mercado, fixo = net; market; fixed price
Procuração = power of attorney
Proposta = proposal, bid

[1] In Brazil: indenizar.   [2] In Brazil: tarifa alfandegária.

Quota = share
Recibo = receipt
Reclamação = claim
Reembolsar = to reimburse
Representante = representative
Retalho = retail
Revogar = to revoke
Sacar; descontar; protestar uma letra = to draw up; to discount;
   to protest a bill of exchange (a promissory note)
Saldar (saldo) = to balance (balance, sale)
Sede = head office
Seguro = insurance
Sisa = transfer tax
Sociedade Anónima (S.A.) = Company Limited (Co. Ltd.)
Sócio = partner
Sucursal = branch
Taxa = rate; duty
Testemunha = witness
Transacção = transaction
Transporte: ferroviário, marítimo, aéreo = transport: by rail, sea,
   air
Tribunal = court of law
Valor: nominal, efectivo (*or* actual), real = nominal; actual; real
   value
Votar (voto) = to vote (vote)

Vocabulary

açucareiro m. = sugar bowl
Alemanha f. = Germany
almejar = to crave
amoroso = loving
apontar = to point out; to note
   down
assemelhar-se = to be like
bater = to tap; to beat; to
   knock; to bang; to spank

beleza f. = beauty
cautelosamente = carefully
chover = to rain
colocar = to place
constatar = to verify; to ascer-
   tain
criatura f. = person
culpado m. = guilty person
decotada (decotar) = décolleté

diante de = in front
dobrar = to bend; to fold
encher = to fill up
errado (errar) = wrong (to make a mistake)
espuma f. = froth; foam
estrangeiro m. = foreigner; abroad
evitar = to avoid
forte = strong
infantilidade = childishness
insubmisso = unconformable

multidão f. = crowd
murmurar = to whisper
olhar m. = look; glance
palito m. = toothpick
palpite m. = hunch; suggestion
pingo m. = drop
quebrar = to break
realizar = to fulfil
regra f. = rule
retirar = to take back
sábio = wise
substantivo m. = noun

Quando eu estudava o português, surpreendi-me ao constatar que Alemanha, Inglaterra e Rússia eram substantivos 'femininos', mais[1] o Brasil era 'masculino'. Nada mais errado. Se existe no mundo um país com 'it', com personalidade, com 'sex-appeal', este é o Brasil. Não deveria ser masculino. O carácter deste país (se é que uma nação possa ter carácter) é igual ao de certa criatura que todos nós já tivemos na vida. Alguém cheio de contrastes, beleza, sinceridade, um pouco de infantilidade, mistério, insubmisso, de personalidade marcante. Não tente modificá-lo. É impossível e mesmo desnecessário. Ao contrário, aprenda a gostar de seus contrastes e assim você será mais sábio e muito mais feliz.

Para os imigrantes desejosos de não parecerem estrangeiros, tentarei dar instruções para que possam realizar esse desejo tão almejado.

Use apenas estas regras, para que possa assemelhar-se, pelo menos de longe, a um brasileiro:

(1) use terno[2] branco, ou tropical bem brilhante;

(2) evite dizer a palavra 'não'; em vez disso, use 'mais ou menos', 'é difícil', 'pode ser';

(3) bata nos ombros de todo o mundo,[3] e abrace cordial-

---

[1] In Portuguese: mas.   [2] In Portuguese: fato.
[3] In Portuguese: toda a gente, todas as pessoas, todos.

mente as pessoas que encontrar, chamando-as de 'meu filho'—
independentemente da idade;

(4) ao tomar o cafèzinho, deixe que encham a xícara[1] de
açúcar, retire um pouquinho e coloque no pires. Se tiver tempo,
peça o açucareiro e ponha mais um pinguinho de açúcar. Tire a
espuma do café, cautelosamente, com a colher e, dobrando-se
para a frente feito um palito quebrado, tome o seu café;

(5) sempre que encontrar uma mulher que não esteja acompanhada, murmure qualquer coisa incompreensível, mas en-
corajadora; se estiver acompanhada de um homem aparentemente fraco, basta que lance um olhar amoroso; se estiver com
um homem forte, deixe para outro dia;

(6) se o convidam para tomar um cafèzinho, nunca diga
'obrigado, já tomei'. Se o convidam para almoçar, sempre diga
'obrigado, já almocei';

(7) quando estiver com amigos, chame a atenção se aparecer
no horizonte uma mulher mais interessante, ou menos interessante e mais decotada;

(8) se chover, não use chapéu; se o tiver, deixe-o em casa e
ponha um jornal na cabeça;

(9) notando na rua qualquer aglomeração, seja colisão ou
desastre, aproxime-se da multidão e dê imediatamente o seu
palpite, apontando o verdadeiro culpado, tomando parte em
algum grupo já em discussão e indique as medidas que os outros
devem tomar;

(10) leve a chave do carro na mão, principalmente se estiver
diante de uma conquista prometedora.

> (From *Brasil para principiantes* by
> Peter Kellemen. Published by Editora
> Civilização Brasileira S.A., Rio de
> Janeiro. Seventh Edition, 1963.)

Author's Note: Most of these rules can also be applied to 'How to become a
Portuguese'.

When I was studying Portuguese, I was surprised to learn that
Germany, England and Russia were feminine nouns, but Brazil

[1] In Portuguese: chávena.

was masculine. Nothing can be more wrong. If there exists in the world a country with 'it', with personality, with 'sex-appeal', this one is Brazil. It should not be masculine. The character of this country (if a nation can have character), is like that of a certain person all of us have had in our life. Someone full of contrasts, beauty, sincerity, a little childishness, mystery, unconformable, and with a strong personality. Do not try to change it. It is impossible, and even unnecessary. On the contrary, learn how to love its contrasts, and like this, you will be wiser and much happier.

For immigrants eager not to look like foreigners, I will try to give instructions which will enable them to fulfil that yearning desire. Just apply these rules, in order to resemble a Brazilian, at least a little.

(1) Wear either a white, or tropical, very bright suit.

(2) Avoid saying the word 'No'; instead, use 'More or less', 'It's difficult', or 'Maybe'.

(3) Clap everyone on the shoulder, and cordially embrace the people you meet, calling them 'My son', regardless of their age.

(4) When having your coffee, allow the cup to be filled up with sugar; take some out and put it in the saucer. If you have time, ask for the sugar bowl, and put in another 'drop' of sugar. Remove the froth of the coffee carefully with the spoon and, bending forward like a broken toothpick, have your coffee.

(5) Every time you meet a woman who is unaccompanied, whisper something incomprehensible but encouraging. If she is accompanied by a man, apparently weak, a loving look is sufficient. If she is with a strong man, leave it for another day.

(6) If you are invited for a coffee, never say 'Thank you, I've already had it.' If you are invited for lunch, always say 'Thank you, I have already had lunch.'

(7) When you are with friends, call their attention if an attractive woman appears on the horizon, or one less attractive but more décolleté.

(8) If it rains, do not wear a hat; if you have one, leave it at home and put a newspaper on your head.

(9) If you notice in the street any gathering of people, whether

it be a collision or a disaster, draw near to the crowd, and immediately make suggestions; point out the real guilty person; join any group already in discussion, and indicate what measures they ought to take.

(10) Take the key of your car in your hand, mainly if you are about to make a promising (amorous) conquest.

LESSON 11

Portuguese Coinage—**Moedas**

    10 centavos or 1 tostão
    20 centavos or 2 tostões
    50 centavos or 5 tostões
 1$00 1 escudo or 10 tostões
 2$50   2 escudos e 50 centavos or 2 mil e quinhentos (réis) or
                                    25 tostões
 5$00   5 escudos   or 5 mil réis

Portuguese Bank Notes—**Notas**

    20 escudos (or 20 mil réis)
    50 escudos (or 50 mil réis)
  100 escudos (or 100 mil réis)
  500 escudos (or 500 mil réis)
1 000 escudos or 1 conto (de réis)

Note: The name of the old coin 'tostão' is normally used by the Portuguese when referring to coins up to 2$50.

When dealing with fractions between 1 and 1,000 escudos, the old coin 'réis' is used, although its name is often *omitted*. When speaking in round figures, only escudos are generally mentioned. Although 'centavos' is included here, this is also seldom used.

Different ways of expressing Portuguese money, e.g.:

11$60
    onze mil e seiscentos
    onze escudos e sessenta
    onze escudos e sessenta centavos

(In order of Portuguese usage.)

Não tenho um tostão! = I haven't got a penny!

Estes copos custam 9$50 (nove escudos e cinquenta centavos or
nove mil e quinhentos), cada um. = These glasses cost 9$50
each.

Paguei pelas chávenas[1] e pires 72$00 (setenta e dois escudos).
= I paid 72$00 for the cups and saucers.

6 colheres (*spoons*)	120$60 (120 escudos e 60 centavos *or* cento e vinte mil e seiscentos)
6 garfos (*forks*)	135$00 (135 escudos)
6 facas (*knives*)	150$10 (150 escudos e 10 centavos *or* cento e cinquenta mil e cem)
Um total de (*a total of*)	405$70 (405 escudos e 70 centavos *or* quatrocentos e cinco mil e setecentos)

Brazilian Coinage

> 5 centavos
> 10 centavos
> 20 centavos

Brazilian Bank Notes

Cr$	1,00	1 cruzeiro ou	1 conto
Cr$	5,00	5 cruzeiros ou	5 contos
Cr$	10,00	10 cruzeiros ou	10 contos
Cr$	50,00	50 cruzeiros ou	50 contos
Cr$	100,00	100 cruzeiros ou	100 contos

Weight—**Peso**

Note: Only measures in common use are given.

> 1 quilo (quilograma) (*approximately* 2·2 *lb*)
> 1 grama (1/1,000 kg)
> 1 tonelada (1,000 kg)

A como é o quilo dos morangos? = How much is a kilo(gram)
of strawberries?

[1] In Brazil: xícaras.

A sua balança não está boa, faltam 100 g. = Your scales are not accurate. There are 100 g short.

Peso 56,400 kg (cinquenta e seis quilos e quatrocentos gramas). = I weigh 56·400 kg (8 stones 12 pounds).

Length—Comprimento

1 metro = 39 inches
1 centímetro (1/100 m)
1 quilómetro = 0·62 mile

Queria 1, 5 m (um metro e meio) desta seda natural. = I would like a metre and a half of this pure silk.

Ele tem 1,70 m de altura. = He is 1·70 metres tall.

Para a próxima cidade faltam apenas 3 km. = It is only 3 kms to the next town.

Surface measurement — Superfície

1 m² = 10·76 sq. ft
1 hectare = 2·47 acres

Este pomar tem 5 ha. = This orchard is 5 hectares.

Capacity — Capacidade

1 litro = 1¾ pints
4,5 l (4½) = 1 gallon

Meta[1] 20 litros de gasolina. = Put in 20 litres of petrol.

Um barril de 100 l. = A 100-litre barrel.

Temperature — Temperatura

Note: To convert Centigrade into Fahrenheit, multiply by $\frac{9}{5}$ and add 32.

O termómetro já marca 35° à sombra. = The thermometer already shows 35°C (95°F.) in the shade.

As temperaturas mantiveram-se entre 25° e 30°. = The temperature stayed between 25°C (77°F) and 30°C (86°F).

[1] In Brazil: Ponha.

A Menu with only Portuguese and Brazilian dishes:

Entradas (entrée)

Presunto = Smoked ham
Lagostins e gambas = Langoustines and Pacific prawns
Santolas recheadas ⎫
Siris recheados (Br.) ⎬ = Dressed crab
Pastéis de bacalhau = Dried cod fishcakes
Ameijoas ao natural = Clams with butter and parsley
Frigideiras de camarões (Br.) = Shrimp fritters

Sopa (soup)

Caldo verde = Finely chopped cabbage
Sopa de coentros = Coriander, bread, and a poached egg
Sopa de camarão = Shrimps
Canja = Chicken soup
Sopa de milho verde (Br.) = Fresh corn

Peixe (fish)

Caldeirada à fragateira ⎫
Peixada à brasileira (Br.) ⎬ = Fish stew
Salmonetes à moda de Setúbal = Grilled red mullet
Sardinhas assadas, batatas e pimentos = Grilled sardines, potatoes, and peppers
Bacalhau à Brás = Fried dried codfish with fried potatoes and scrambled eggs. There is a big variety of dishes with dried codfish
Lagosta suada = Crayfish with peppery sauce and rice
Lampreia = Lamprey
Lulas recheadas = Stuffed squid
Atum grelhado = Grilled tuna fish
Arroz de polvo = Octopus with rice
Rissóis de camarão = Small shrimp pies
Ensopado de enguias = Eels with fried bread
Vatapá de peixe (Br.) = Shrimps and fish with peanuts accompanied by rice cooked in coconut milk

Carne (meat)

Carne assada à portuguesa = Roast beef
Arroz de pato = Duck with rice
Cozido à portuguesa = Variety of meats and vegetables
Cabrito assado = Roast kid
Frango na púcara = Chicken casserole
Arroz à moda de Valência = Kind of paella
Frango à cafrial = Roast chicken with a hot sauce
Churrasco = Pork cooked on a spit. In Brazil, piece of beef
Coelho à caçadora = Rabbit stew
Tripas à moda do Porto = Tripe with dried beans
Feijoada = Dried beans with rice and various smoked meats. This is a traditional Brazilian dish, made with black dried beans, orange, manioc meal, and two sauces.

Salada (salad)

Agrião, pepino, etc. = Watercress, cucumber, etc.
Palmito (Br.) = Hearts of palm

Doces (sweets)

Lampreia de ovos = Beaten egg yolks cooked in syrup
Sonhos = Puffs with syrup
Marmelada = Quince marmalade
Papos de anjo = Small butter cakes with syrup
D. Rodrigo = Almond sweet
Arroz doce = Sweet rice
Fatias douradas = Bread soaked in milk and fried, with syrup
Leite creme = Type of custard
Nuvens ou farófias = Meringue in sweet sauce
Pudim de leite (Flan) = Cream caramel
Babá de moça (Br.) = Sugar, milk and coconut
Quindins (Br.) = Small butter cakes with coconut

Bebidas (beverages)

Vinho tinto, branco, verde = Red, white, 'green' wine
Vinho do Porto (seco, doce) = Port wine (dry, sweet)

Madeira (Vinho da Madeira) = Madeira wine
Aguardente (bagaço)[1] = Strong white brandy
Cerveja à pressão[2] (*or* **a copo**) = Draught beer
Água = Water
   mineral = Mineral water
   gasosa = Soda water
   tónica = Tonic water
Limonada = Lemonade
Laranjada = Orangeade
Café simples[3] = Black coffee
   Coffee Bar jargon (Lisbon):
'Garoto' = White coffee served in small cup or glass
'Galão' = White coffee served in a tumbler
'Bica' = Black coffee served in a cup
'Carioca' = Weak coffee served in a cup

Batido[4] **de leite** = Milk shake
Chá com limão = Lemon tea

Note: In a coffee house, a hissing sound is normally used to attract the attention of a waiter, and in a restaurant, one does not call out, as in England, but tries to catch the eye of the waiter.

Useful sentences:

Dê-me, se faz favor,[5] **meio quilo de manteiga sem sal.** = Please give me half a kilo of unsalted butter.
Quero um pacote de farinha boa para bolos. = I would like a packet of flour good for cakes.
Tem ovos frescos? Dê-me uma dúzia. = Do you have fresh eggs? Give me a dozen.
Pode mandar-me a casa,[6] **uma lata de azeite de 5 litros, 50 g de pimenta moída e 125 g de café em grão?** = Could you deliver one 5-litre tin of olive oil, 50 g of ground pepper and 125 g of coffee beans?

---

[1] In Brazil: pinga (cachaça).   [2] In Brazil: chope.
[3] In Brazil: cafèzinho.   [4] In Brazil: frappée.
[5] In Brazil: Faz favor de me dar.   [6] In Brazil: Pode mandar em casa.

Hoje fico com duas garrafas de leite. = Today I want two bottles of milk.

Para hoje preciso de 3 kg de açúcar refinado, 2 pacotes de margarina, 125 g de queijo ralado e 3 l de óleo; tem aqui esta bilha (lata). = Today I need 3 kg of granulated sugar, 2 packets of margarine, 125 g of grated cheese, and here is the container for 3 l. of cooking oil.

Pode cortar mais uma fatia de fiambre.[1] = You can cut another slice of ham.

Hoje só quero duas latas de salsichas. = Today I only want two tins of frankfurters.

Queria um pão de forma e meia dúzia de pãezinhos. = I would like a sandwich loaf and half a dozen rolls.

Estes figos estão maduros? = Are these figs ripe?

Estes pêssegos ainda estão verdes. = These peaches are still green.

Esta carne é dura, tenra. = This meat is tough, tender.

Quero carne limpa, com osso. = I want lean meat, with bones.

Quanto custa?⎫
Quanto é? ⎬ = How much is it?

Qual é o preço? = What is the price?

A quanto é o quilo? = How much is it per kilo?

Quanto pesa? = How much does it weigh?

A que horas abre o casino,[2] **o bar?** = At what time does the casino, the bar open?

Não tenho guardanapo. = I haven't a table napkin.

Esta taça está suja, limpa. = This champagne glass (or bowl) is dirty, clean.

Que deseja como primeiro prato? = What would you like as the first course (dish)?

Não gosto de alho. = I don't like garlic.

Quer tomar alguma coisa, um refresco,[3] **um gelado (sorvete)?** = Do you want anything to drink, a soft drink, an ice cream?

Onde há água potável/boa para beber? = Where is there drinking water?

---

[1] In Brazil: presunto cozido.
[2] In Brazil: cassino.
[3] In Brazil: refresco or refrigerante.

Padaria (padeiro) = Bakery (baker)
Leitaria (leiteiro) = Dairy (milkman)
Mercearia (merceeiro) = Grocery shop (grocer)
Frutaria/lugar¹ (homem do lugar) = Greengrocer's shop (greengrocer)
Peixaria (peixeira/varina) = Fishmonger
Talho (homem do talho)² = Butcher shop (butcher)
Salsicharia = Delicatessen
Mercado/praça = Market
Drogaria = Similar to ironmonger/hardware
Pastelaria = Pastry-shop, tea-shop

Vocabulary

alegria f. = joy; happiness
alma f. = soul
apaixonadamente = passionately
arraial m. = country fair
assobio m. = whistle
atroar = to stun (with noise)
bicho m. = animal
bombo m. = drum
burocrata m. = civil servant
carrascão = strong, cheap wine
comida f. = food
desgraça f. = misfortune
fantoche m. = puppet
farturas f. pl. = kind of 'Dunkies'
fecundo = fertile
feira f. = funfair; market
folgar = to rejoice
géneros m. pl. = provisions

guloso m. = sweet tooth
iscas f. pl. = fried liver
lei f. = law
merendar = to eat a light meal at tea-time
moda f. = fashion
nuvem f. = cloud
operário m. = worker
padecer = to suffer
palhaço m. = clown
paz f. = peace
permitir-se = to indulge oneself
pintor m. = painter
pipa f. = small wine barrel
pregão m. = vendor's cry
quadro m. = picture
sangrenta = bloody
sentença f. = sentence (prison sentence)

¹ In Brazil: quitanda (quitandeiro).
² In Brazil: casa de carne (açougueiro).

O lisboeta, no Verão, ama apaixonadamente os touros. Não os ama, por certo, com a paixão sangrenta do espanhol: mas ama-os, como um espectáculo de ruído, de alegria e de emoção. O burguês pobre, o operário, a costureira e o burocrata, que não podem permitir-se o luxo de ir para Vidago, ou para Ostende, durante os meses de Julho a Setembro, vão aos touros, ao domingo, e vão às tardes, à feira.

O espanhol vai para os touros, como o romano, ia para o circo —vicioso de sangue e de emoção. O lisboeta vai para os touros como quem vai para um arraial. O que ele lá vai procurar é a cor, a alegria, a liberdade de falar e cantar alto, de folgar e de dançar. Os touros são maus? São bons? O lisboeta interessa-se por isso, apenas como um pretexto que lhe permite fazer mais ou menos ruído, dar, pelos aplausos ou pelos assobios, uma larga e uma explosão maiores, desta ou daquela forma, à dose de entusiasmos e de exaltação juvenil que leva, acumulada, no sua alma domingueira.

O português é glutão—ama os prazeres da comida e associa sempre a mesa a todas as suas festas, a todas as suas convicções, a todas as suas desgraças e a todas as suas alegrias. Não sabe divertir-se, não sabe amar ou padecer, sem almoçar, sem jantar, sem merendar. O lisboeta, especialmente, é guloso. É por isso, sobretudo, que ele ama a outra distracção que o Verão lhe reserva —a feira. O que o bom, o genuíno, o autêntico lisboeta, aprecia na feira, mais do que os fantoches, as rodas da fortuna, o circo de variedades, o palhaço, são as barracas de farturas; as pipas onde espuma o vinho verde de Amarante e o carrascão da Bairrada; as iscas comidas ao ar livre, ao som do batuque dos pretos, das marchas dos bombos e dos pregões que atroam os ares.

Alguém definiu o português um animal que discute. Eu direi: o português é um animal que discorda. Ainda é possível actualmente encontrar em Portugal, sobre um ponto concreto, duas pessoas de acordo. Três ou quatro, é já difícil. De quatro para cima, é impossível.

Discute-se tudo: o preço dos géneros, a política, as convicções, a forma porque cada um morre, os jornais, o peixe, as leis da gravidade, os pintores, os quadros, as leis, as mulheres, as modas, as sentenças, o tempo, a chuva, o frio, o sol, as instituições, a França, a Grécia, a religião, as doenças, os teatros, as pessoas, os bichos!

... É neste sólido, admirável e fecundo desacordo que florescem as leis, as artes e os costumes. Quando o Governo quer mandar tropas para a guerra;[1] o país protesta que não quer ir para a guerra. Quando o Governo quer a paz; o país, indignado, prefere a guerra! O português—discorda! E esse desacordo é que faz a grande concórdia nacional.

> (From *Fumo do meu cigarro* by Augusto de Castro. Published by Sociedade de Expansão Cultural, Lisboa. Sixth Edition, 1964.)

In summer the Lisbon man fervently supports bullfighting. He certainly does not love it with the bloodthirsty passion of the Spaniard, but loves it as a display of noise, of joy and emotion. The penniless bourgeois, the workman, the dressmaker, and the civil servant who cannot indulge themselves in the luxury of going to Vidago or to Ostend in the months of July till September, go to the bullfights on Sundays, and to the funfair in the evenings.

The Spaniard goes to the bullfight as the Roman went to the arena—avid for blood and emotion. The Lisbon man goes to the bullfight as one goes to a country fair. What he is going to look for there is the colour, the joy, the freedom of speaking and singing loudly, of rejoicing and dancing. Are the bulls bad? Are they good? The Lisbon man is concerned with this only as an excuse for making more or less noise, and by applauding or whistling, letting out in one way or another a bigger and better explosion of the amount of enthusiasm and youthful joy that is accumulated in his 'Sunday Soul'.

The Portuguese is a glutton—loves the pleasure of food, and always associates eating (the table) with all his parties, with all his convictions, with all his misfortune, with all his happiness. He does not know how to amuse himself; he does not know how to love or suffer without having lunch, without having dinner, with-

[1] Refers to the First World War.

out having a snack. Especially, the native of Lisbon has a sweet tooth. It is mainly for this reason that he loves the other amusement that Summer reserves for him—the funfair. The things that the true, genuine, authentic Lisbon man enjoys in the funfair, above the puppets, the wheels of fortune, the circus, the clowns, are the tents selling 'farturas'; the wine barrels where the green wine of Amarante and the wine of Bairrada are bubbling; the fried liver eaten in the open air to the beat of the African music, the drum marches, and the cries which echo in the air.

Someone defined the Portuguese as an animal who discusses. I would say the Portuguese is an animal who disagrees. It is still possible nowadays in Portugal to find two people in agreement about a concrete point. Three or four is already difficult. From four onwards is impossible. Everything is discussed: the price of food, politics, convictions, the way each one dies, the papers, fish, the law of gravity, painters, pictures, laws, women, fashions, prison sentences, the weather, the rain, the cold, the sun, the institutions, France, Greece, religion, illnesses, theatres, people, animals!

It is in this firm, admirable, and fertile discord that laws, art, and customs flourish. When the Government wishes to send troops to war, the country protests that they do not want to go to war. When the Government wants peace, the country, indignant, prefers war! The Portuguese disagree. And it is this discord that makes the big national concord.

LESSON 12

Em viagem

Tem alguma coisa a declarar?
Onde é: a Alfândega, o Centro de Turismo, o Posto de Pronto-Socorro?
Estrada nacional
Auto-estrada
Código das estradas
Passagem de peões
Pare!
Perigo!
Estrada intransitável
Sentido único
Desvio
Curva perigosa
Trabalhos.[1] (Obras)
Passagem de nível
Escola
Proibido buzinar
Estacionamento proibido nos dias pares, nos dias ímpares

Travelling

Have you anything to declare?
Where is: the Customs, the Tourist Centre, the First-Aid Post?
Class A Road
Motorway
Highway Code
Pedestrian Crossing
Stop!
Danger!
Road up
One way
Diversion
Dangerous bend
Road works
Level crossing
School
Use of the horn prohibited
No parking on even, uneven dates

No comboio[2]

De que plataforma parte o comboio rápido, correio para ...?
Tem ligação directa, vagão-restaurante, carruagem-cama?[3]
Onde devo mudar?[4]

On the train

From which platform does the express, mail train leave for ...?
Has it a direct connection, a dining-car, a sleeping-car?

Where do I change?

[1] In Brazil: Trabalhadores.
[2] In Brazil: Trem.
[3] In Brazil: Vagão-dormitório.
[4] In Brazil: Trocar.

129

No comboio — *On the train*

O carregador (bagageiro) põe as malas na rede.	The porter will put the suitcases on the luggage rack.
Qual é o meu compartimento, lugar?	Which is my compartment, seat?
Quanto tempo pára nesta estação?	For how long does it stop at this station?
O comboio vem à tabela,[1] atrasado, adiantado.	The train is on time, late, early.
Quero um: bilhete de gare,[2] horário.	I want a platform ticket, a timetable.
Caminho de ferro[3]	Railway
Sala de espera	Waiting-room
Depósito de bagagens	Left Luggage
Sinal de alarme	Emergency signal

No navio (A bordo) — *On board*

O comandante, o comissário, a tripulação.	The captain, the purser, the crew.
O meu camarote tem vigia.	My cabin has a porthole.
Armar uma cadeira no convés.	Set up a chair on deck.
Nunca enjoo.	I am never seasick.
Há piscina?	Is there a swimming pool?
O navio atracou, desatracou.	The boat moored, left the quay.
Posso embarcar, desembarcar.	I can embark, disembark.

Avarias de automóvel — *Breakdown*

Estação de serviço	Service Station
Bomba de gasolina	Petrol pump
Lubrificar	Lubricate
Uma mola partida.	A broken spring.
A bateria está descarregada.	The battery is run down.
Afinar os travões.[4]	To adjust the brakes.
Preciso de: velas novas, ar nos	I need: new spark plugs, air in

[1] In Brazil: está no horário certo.
[2] In Brazil: bilhete de plataforma.
[3] In Brazil: estrada de ferro.
[4] In Brazil: acertar os freios.

Avarias de automóvel	*Breakdown*
pneus, uma lata de óleo, água no radiador.	the tyres, a tin of oil, water in the radiator.
Há uma avaria:[1] **eléctrica, no motor de arranque, no carburador, na embreagem, na caixa de velocidades.**	There is a fault: electrical, in the ignition, in the carburettor, in the clutch, in the gearbox.
O tubo de escape está roto.[2]	The exhaust pipe is broken.
Quanto tempo dura a reparação?	How long will the repair take?
A chapa de matrícula	The registration plate
Abaixar os faróis	To dim the headlights
A roda sobresselente não tem câmara de ar.	The spare wheel does not have an inner tube.
Engate (meta): uma mudança, a primeira, segunda, terceira, quarta (velocidade), marcha atrás.[3]	Engage: a gear, 1st, 2nd, 3rd, top, reverse.
Ponha em ponto morto.	Put into neutral.

Divertimentos	*Pastimes*
Barco à vela, a motor.	Sailing boat, motor boat.
O vento caíu, levantou-se.	The wind dropped, sprang up.
O mar está calmo.	The sea is calm.
As ondas são fortíssimas.	The waves are very rough.
Sabe remar?	Can you row?
Esqui aquático	Water ski-ing
Não sei nadar.	I can't swim.
Não tenho pé.[4]	I am out of my depth.
Corte[5] **de ténis**	Tennis court
Campo de golfe	Golf links
Desafio[6] **de futebol**	Football match
Um empate.	A draw.

[1] In Brazil: descontrole.   [2] In Brazil: está com defeito.
[3] In Brazil: Pôr a marcha em primeira, segunda, terceira, quarta, marcha à ré.
[4] In Brazil: Não dá pé.   [5] In Brazil: Quadra de ténis.
[6] In Brazil: Jogo de futebol.

Divertimentos	*Pastimes*
Apostar nas corridas de cavalos.	To bet at the races.
A que horas abre a bilheteira? [1]	At what time does the ticket office open?
Não quero os lugares muito à frente, atrás.	I don't want the seats to be right in front, at the back.
Onde está a arrumadora? [2]	Where is the usherette?
Armo a tenda no pinhal, na areia, ao pé das rochas (rochedos).	I put up the tent, in the pine woods, on the sand, near the rocks.

Na Agência de Viagens	*At the Travel Agency*
Dava-me um mapa da cidade, dos arredores (subúrbios)?	Could you give me a map of the town, of the suburbs?
A que horas: devo estar no aeroporto, aterra/descola (levanta voo) o avião?	At what time: should I be at the airport, does the plane land, take off?
Quando é a: chegada, partida, festa, o desfile?	When is the: arrival, departure, party, parade?
Quando começam, acabam as danças folclóricas?	When does the folk-dancing start, finish?
É longe, perto daqui?	Is it far from, near here?
Posso ir a pé?	Can I go on foot?
Boa viagem!	Bon voyage!

No Hotel	*At the Hotel*
O porteiro	Porter
A recepção	Reception
Tenciono ficar . . .	I intend to stay . . .
Sou cidadão britânico.	I am a British subject.
Tem correio (cartas) para mim?	Do you have any mail for me?
Onde há um marco (caixa) do correio, uma paragem de autocarro? [3]	Where is a post-box (letter-box), a bus stop?

---

[1] In Brazil: bilheteria.   [2] In Brazil: o moço dos programas.
[3] In Brazil: ponto (parada) de ônibus.

No Hotel

Tem: ar condicionado, aquecimento central.	It has air-conditioning, central heating.

At the Hotel

Tem: ar condicionado, aquecimento central.
It has air-conditioning, central heating.

Como se vai para: o centro (a baixa), castelo, museu?
How does one get to: the centre, the castle, the museum?

Onde posso alugar um 'smoking'?
Where can I hire a dinner-jacket?

A telefonia (o rádio, o aparelho de rádio), da sala tem ondas curtas, médias, longas?
Has the radio in the Lounge short, medium, long wavebands?

Como se liga/desliga a televisão (o televisor)?
How do you switch on, off the television?

Onde se acende/apaga a luz?
Where does one switch on, off the light?

Não desligue.
Hold the line or don't switch off.

Onde: são os lavabos, é o toilette, a retrete?
Where are the lavatories?

Pode acordar-me às . . ., não tenho despertador.
You can wake me at . . ., I haven't an alarm clock.

Fazia o favor de fechar a porta, há uma corrente de ar.
Please, close the door; there is a draught.

Toquei a campainha.
I rang the bell.

Não há água quente.
There is no hot water.

A torneira do lavatório,[1] do autoclismo[2] está a pingar (não veda).
The wash-basin tap, the flush is dripping.

A banheira está entupida.
The bath is blocked.

No Consultório Médico

In the Consulting Room

Tenho (estou com) dores (dor) de: cabeça, garganta, etc.
I have (lit. pains), a headache, sore throat, etc.

Tem: febre, arrepios de frio, tonturas, diarreia, prisão de ventre?
Have you: a temperature, cold shivers, dizziness, diarrhoea, constipation?

[1] In Brazil: pia.

[2] In Brazil: da descarga.

No Consultório Médico

In the Consulting Room

Ele está (sente-se): mal disposto, agoniado, enjoado, fraco, constipado.[1]

He is (feels) unwell, sick, seasick, weak, (has) a cold.

Julgo que tenho uma: intoxicação alimentar, insulação.

I think I have food-poisoning, sun-stroke.

Apanhei uma: constipação,[1] gripe, infecção.

I caught a cold, influenza, an infection.

Sofro de: asma, enxaquecas.

I suffer from asthma, migraine.

Desloquei: o tornozelo, o pulso.

I sprained my ankle, my wrist.

Ponha o: termómetro, penso,[2] adesivo, gesso.

Insert the thermometer, put on the dressing, plaster, plaster (cast).

Deite-se e respire fundo.

Lie down and breathe deeply.

Dispa-se, vou: auscultá-lo, tirar uma radiografia.

Get undressed, I'm going to: listen to your chest, take an X-ray.

Vou receitar-lhe: comprimidos, pomada, injecções, xarope, um tónico.

I am going to prescribe pills, ointment, injections, cough mixture, a tonic.

Pago a consulta à empregada, enfermeira.

I pay the consultation fee to the receptionist, nurse.

Mandou chamar o: médico, operador (cirurgião)?

Did you send for the doctor, the surgeon?

Tem de: dar baixa ao hospital, ser operado, ir para a Casa de Saúde.

You have to: go to hospital, have an operation, go to the Nursing Home.

Estimo as melhoras.

I hope you will get better (soon).

No Dentista

At the Dentist

Este dente precisa de ser: arrancado, chumbado (obturado).

This tooth needs to be pulled, filled.

Tenho: uma cárie, a dentadura partida.

I have a decayed tooth, my plate is broken.

[1] In Brazil: resfriado.   [2] In Brazil: curativo.

No Dentista	*At the Dentist*
Quando é que o Sr. Doutor me pode atender?	When can the doctor attend me?
Não dói nada.	It doesn't hurt.

Na Farmácia e Perfumaria	*At the Chemist*
Pode aviar-me¹ esta receita?	Can you fill this prescription for me?
Não gosto deste creme, desta pasta (dentífrica),² batom, pó de arroz, rímel, verniz³ (de unhas).	I don't like this cream, this toothpaste, lipstick, face-powder, mascara, nail varnish.
Tem um lápis de sombras verde escuro?	Have you a dark-green eye pencil?
Este ruge é muito vermelho.	This rouge is too red.
Dê-me um: pincel de barba, creme para bronzear, pente, pacote de algodão (em rama).	Give me a shaving brush, suntan cream, a comb, a packet of cotton-wool.

No Cabeleireiro de Senhoras	*At the Hairdressers*
Quero uma: mise (en plie), permanente, 'rinçage', pintura.⁴	I want a: set, permanent wave, a rinse, tint.
Não gosto do cabelo muito: ondulado, encaracolado, ripado,⁵ liso, curto, comprido.	I don't like my hair very wavy, curly, back-combed, straight, short, long.
A manicura pode arranjar-me⁶ as unhas?	Can the manicurist do my nails?
O meu cabelo seca muito depressa, devagar.	My hair dries very quickly, slowly.
Não apetece⁷ ir para o secador!	One doesn't feel like going under the dryer.

¹ In Brazil: Pode fornecer-me . . . ?
³ In Brazil: esmalte.
⁵ In Brazil: desfiado.
⁷ In Brazil: Não me anima.

² In Brazil: dentifrícia.
⁴ In Brazil: tintura.
⁶ In Brazil: fazer-me as unhas.

No Cabeleireiro de Senhoras	*At the Hairdressers*
Este bigodi está a queimar-me.	This roller is burning me.
Gosto deste penteado.	I like this style.

No Barbeiro	*At the Barber*
Quero o cabelo cortado, aparado, lavado.	I want my hair cut, trimmed, washed.
Faça o risco do lado direito.	Part it on the right.
Faça-me a barba, quero-a bem escanhoada (rapada).[1]	Give me a shave; I want a close shave.
Uso: gilete, máquina de barbear eléctrica,[2] **navalha.**	I use: a safety razor, an electric razor, a cut-throat razor.
Ele usa bigode, barba.	He has a moustache, a beard.
Por favor, chame o engraxador.[3]	Please, call the shoe-shine boy.

Na Lavandaria	*At the Cleaners*
Quanto tempo leva para limpar a seco este sobretudo?	How long will it take to dry-clean this overcoat?
Não quero goma nos colarinhos nem nos punhos.	I don't want starch on the collars or cuffs.
Esta blusa está mal engomada (passada).	This blouse is badly ironed.
Pode vincar estas calças?	Can you press these trousers?
Esta mancha (nódoa) sairá?	Will this stain (spot) come out?
Faltam-me três pares de meias.	Three pairs of my socks (stockings) are missing.
Podia coser esta costura?	Could you sew this seam?

Compras em geral	*Shopping*
Quanto custa(m): um rolo a cores,[4] **um rolo a preto e branco,**[5] **um filme (para**	How much is/are: a colour film, black and white film, a film (for a ciné camera),

---

[1] In Brazil: bem feita (raspada).
[3] In Brazil: engraxate.
[5] In Brazil: filme em preto e branco.

[2] In Brazil: barbeador eléctrico.
[4] In Brazil: filme em cores.

Compras em geral	*Shopping*
máquina de filmar),[1] a revelação, ampliação, e conserto, lentes novas?	developing, enlarging, the repair, new lenses?
Quero um disco de música clássica, ligeira, popular.	I would like a record of classical, light ('pop'), folk, music.
Tem que apertar (alargar) o casaco.[2]	You have to take in (let out) the jacket (or woman's coat).
É preciso subir (descer) esta bainha.	It is necessary to take up (to let down) this hem.
Este algodão encolhe?	Does this cotton shrink?
Esta camisola de malha alarga muito?	Does this jumper (knitted) stretch much?
Quero sapatos com: salto alto, meio salto, salto raso.	I want high, medium, flat-heeled shoes.
Estas sandálias estão-me apertadas, largas.	These sandals are tight, large.
Ponha: saltos novos, capas, solas novas.	Put on: new heels, tips, new soles.
Esta carteira é muito bonita.	This purse (or wallet) is very pretty.
Depois de amanhã estamos fechados, é feriado.	The day after tomorrow we are closed; it is a holiday.

Em sociedade	*On meeting*
Quero apresentar-lhe . . .	May I introduce . . .
Muito prazer.	How do you do (lit: very pleased).
Muito prazer em conhecê-lo (*or* -la).	How do you do (lit: very pleased to know you).
À sua saúde!	To your health!
Desculpe (perdão), pode repetir?	I beg your pardon (could you repeat that?)
Com licença; se me dá licença.	Excuse me! (may I pass?)

[1] In Brazil: (câmara cinematográfica).   [2] In Brazil: paletó (casacão).

Em sociedade	*On meeting*
Ela é muito bonita, elegante, vistosa, feia.	She is very pretty, smart, attractive, ugly.
Ela é solteira, casada, viúva.	She is unmarried, married, a widow.
Foram todos muito amáveis.[1]	Everybody was very kind.
Nem sempre está bem disposta.	She is not always in a good mood.
Recebi o seu convite para o baile.	I have received your invitation for the ball (dance).
Tenho pena, mas não posso aceitar.	I am sorry, I cannot accept.
Já estou comprometido (tenho outros compromissos).	I am already engaged (I have other engagements).
Desculpe, mas não tenho tempo.	Excuse me, but I have no time.
Tenho muito que fazer.	I have a lot of things to do.
Ficámos a conversar[2] (cavaquear) até altas horas.	We stayed talking until the small hours.
Chegaram à última hora, mesmo à hora,[3] cedo, tarde.	They arrived at the last minute, right on time, early, late.
Divirta-se muito.	Enjoy yourself.
Foi muito divertido[4] (animado).	It was very amusing (lively).
Quer dançar?	Will you dance?
Foi um jantar delicioso.	It was a delicious dinner.
Bom apetite.	*Bon appetit!*
Sirva-se de mais.	Have some more.
É servido?	Would you like some?
Esteja à sua vontade.	Make yourself at home.
Quero aproveitar as férias ao máximo.	I want to take advantage of my holidays to the utmost.
Você alugou uma moradia (vivenda) ou um andar (apartamento)?	Did you rent a detached house or a flat?

[1] In Brazil: Todo o mundo foi muito amável.
[2] In Brazil: Ficámos batendo o papo até . . .
[3] In Brazil: à hora exacta.
[4] In Brazil: Puxa! foi um negócio (uma parada).

Em sociedade	*On meeting*
Dou-me bem com o calor.	The heat suits me.
Antes de ontem esteve muito abafado.	The day before yesterday was very close.
Está imenso vento.	It is very windy.
Que enorme tempestade.	What a big storm (tempest).
Apavoram-me as trovoadas.	I'm terrified by thunderstorms.
Não me parece./Não me parece que . . .	I don't think so./I don't think that . . .
Acho que sim./Acho que não.	I think so./I don't think so.
Concordo/não concordo.	I agree/I don't agree.

Algumas expressões úteis	*Some useful expressions*
Pode guiar[1] mais devagar?	Can you drive more slowly?
Cuidado! Os peões estão a atravessar.[2]	Look out! Pedestrians are crossing.
Passou com o sinal[3] vermelho, verde.	You went while the lights were red, green.
Que maçada![4] (slang: Que chatice).	How annoying!
Não lhe dê confiança[5] (Não lhe ligue)!	Don't pay any attention to him!
Tenha paciência!	Be patient (said to people begging in the street).
Fale mais alto, baixo!	Speak louder, softer!
Cale-se!	Be quiet!
Esteja quieto!	Be still!
Não empurre!	Don't push!
Não tem maneiras!	You have no manners!
Desculpe, se a magoei, ofendi.	I'm sorry, if I hurt, offended you.
Desculpe, mas não quero exaltar-me,[6] regatear.[7]	Look I'm sorry, but I don't want to get angry, to bargain.

[1] In Brazil: dirigir.
[2] In Brazil: pedestres estão atravessando.
[3] In Brazil: a luz.
[4] In Brazil: Que chateação, amolação.
[5] In Brazil: Deixe para lá.
[6] In Brazil: subir à serra.
[7] In Brazil: espicular.

Algumas expressões úteis	*Some useful expressions*
Ele é um grande intrujão,[1] **(aldrabão), ciumento.**	He is: a big swindler, very jealous.
Ele é muito irritante,[2] **embirrento, desmancha-prazeres.**	He is very annoying, infuriating, unsporting.
Ela é muito faladora (fala pelos cotovelos).	She is a chatterbox (lit. she speaks through her elbows).
Ainda bem que não está zangada[3] **(que não foi à serra).**	It is a good thing that you are not cross (lit. that you didn't go up the mountain).
Tem muita graça.	It is very funny.
Não tem graça nenhuma!	It's not funny!
Não brinque comigo (Não entre comigo)![4]	Don't pull my leg!
Deus me livre!	Not likely!
Que serviço tão desorganizado![5]	What a shambles!
Estamos à espera há mais de uma hora!	We have been waiting for more than an hour!
Valha-me Deus!	God help me!
Que posso fazer agora?	What can I do now?
Espero que lhe sirva de lição!	I hope this will teach you a lesson!
Puxe	Pull
Empurre	Push
Saída	Exit
Entrada	Entry

Vocabulary

agir = to act
após = after
atirar = to throw; to shoot
bem educado = well-bred

conviver = to be on intimate (familiar) terms with
crepuscular = crepuscular, twilight

[1] In Brazil: espertinho.
[2] In Brazil: amolante.
[3] In Brazil: não está zangada, amolada.
[4] In Brazil: Não me faça de bobo, não me tapeie, não me passe a perna.
[5] In Brazil: Que bagunça.

desconhecido m. = stranger
diverso = different (pl.: several)
fazer parte de = to belong to
frase f. = sentence
— feita = platitude
hábito m. = custom; habit
   (monks)
inesgotável = inexhaustible
lareira f. = fireplace
lenta = slow

ocasionar = to cause
ocultar = to conceal; to hide
peculiar = special
preguiça f. = laziness
prejuízo m. = harm; loss
real = royal
rejeitar = to refuse; to reject
seio m. = bosom
técnico m. = expert; technician

Não há inglês que não goste de chá. Técnicos do Ministério do Trabalho já fizeram estudos sobre o prejuízo que esse hábito tem ocasionado à Grã-Bretanha. O chá faz parte da existência do inglês, como o parque e a sua veneração pela Família Real. Não se deve nunca rejeitar uma 'nice cup of tea' que uma dona de casa nos ofereça. Bebe-se chá pela manhã, à hora das refeições, à hora do chá, após o jantar e antes de dormir. Nos intervalos dessas ocasiões, toma-se, também, uma xícara de chá.

Como criatura humana, o inglês requer longo tempo para ser conhecido.

Ao primeiro contacto, revela-se profundamente bem educado, sempre agradável para se conversar, durante algum tempo, num 'cocktail'. Se prolongamos, porém, a entrevista, torna-se sombrio.

O motivo dessa transformação é fàcilmente explicável. Todo o inglês possui certo número de frases feitas, perfeitamente adaptáveis a quaisquer circunstâncias. Enquanto se agita nesse mundo de assuntos predilectos, é espontâneo e comunicativo.

Quando a palestra se prolonga em excesso, é atirado de surpresa para a zona crepuscular que existe entre o fim da frase feita e o princípio da própria personalidade. E dá-se, então, o desastre.

O latino salta de uma margem à outra, sem hesitação. Para o inglês, porém, essa transição é lenta. Se quisermos explicar o fenómeno, teremos de analisar, primeiro, o seu temperamento.

A característica do inglês é, antes de tudo, a paciência. Mas não a paciência, sinónimo de preguiça, que oculta, sob uma forma de estratégia peculiar, uma inata incapacidade para a acção. Ao contrário disso. O inglês sabe agir e, quando julga que o momento é oportuno, age com muito mais eficiência e precisão do que qualquer outro.

No contacto com o estrangeiro, aplica, como em tudo o mais na vida, os seus inesgotáveis recursos de paciência. Raramente se abre diante de um desconhecido. Terminadas as frases feitas que o tornam comunicativo e agradável, espera que o inimigo se descubra.

Residindo em Inglaterra há muito tempo, e convivendo ìntimamente com diversos ingleses das mais diferentes classes, posso dizer, com conhecimento de causa, da enorme diferença que existe entre o homem que conhecemos na rua e o amigo que nos recebe no seio da família. Mas, para que se passe do encontro na rua a uma conversa ao pé da lareira, numa residência inglesa, sem dúvida nenhuma, muita água deve correr, primeiro, entre os pilares da ponte de Westminster . . .

(From *Um Canal separa o Mundo* by Caio de Freitas. Published by Livros do Brasil, Limitada, Lisboa.)

The English person who does not like tea does not exist. Experts at the Ministry of Labour have already studied the harm this habit has caused to Great Britain. Tea is part of the English existence, like the park and their veneration for the Royal Family. One should never refuse 'a nice cup of tea' that a housewife offers. One drinks tea in the morning, at meal-times, at tea-time, after dinner, and before going to sleep. In between these occasions, one also has a cup of tea.

As a human being, the Englishman requires a long time to get to know. On first meeting him, he reveals himself as profoundly well-bred, always agreeable to converse with for a time, over a cocktail. However, if the interview is prolonged, he becomes sombre.

The reason for this transformation is easily explained. Every English person possesses a certain number of platitudes perfectly adaptable to any circumstance. While he moves in this world of favourite subjects, he is spontaneous and communicative. When the talk is prolonged to excess, he is thrown by surprise into a twilight zone which exists between the end of the platitude and the beginning of his own personality. And then the disaster occurs.

The Latin jumps from one side to another, without hesitation. For the English, however, this transition is slow. If we want to explain the phenomenon, we must first analyse his temperament.

The characteristic of the English is, above all, patience. But not the patience synonymous with laziness, which conceals, under a special form of strategy, an innate incapacity for action. On the contrary, the Englishman knows how to act, and when he thinks the moment is opportune, he acts with much more efficiency and precision than anyone else. In contact with the foreigner, he applies, as with everything else in his life, his inexhaustible resources of patience. He seldom opens up in front of a stranger. At the end of the platitudes which make him communicative and agreeable, he waits for the enemy to reveal himself.

Having been resident in England for a long time, and being on friendly terms with several English people from widely differing classes, I can speak with authority on the enormous difference which exists between the man we know in the street and the friend who receives us in the bosom of his family. But, without any doubt, to get from the meeting in the street to a conversation at the fireside in an English home, much water must first run between the pillars of Westminster Bridge.

For further reading the following authors are specially recommended:

H. Buisel: *Portuguese Reader* (Lund Humphries, London)

Prose—

Eça de Queirós: *A Cidade e as Serras* (Livraria Lello e Irmão, Oporto); *A Relíquia* (idem); *O Crime do Padre Amaro* (idem)

Ramalho Ortigão: *Farpas* (any volume) (Livraria Clássica Editora, Lisbon), *John Bull* (idem)

Miguel Torga: *Bichos* (Coimbra Editora Limitada, Coimbra);
Diário (any volume) (idem)

José Cardoso Pires: *O Delfim* (Moraes Editora, Lisbon)

Alves Redol: *A Barca dos Sete Lemes* (Europa–América, Lisbon)

Luís de Sttau Monteiro: *Um Homen não Chora* (Ática, Lisbon)

José Régio: *Há mais Mundos* (Portugália–Contemporânea, Lisbon)

Machado de Assis: *Dom Casmurro* (Livraria Bertrand, Lisbon)

Graciliano Ramos: *Angústia* (Martins Editora, São Paulo)

Theatre—

Luís de Sttau Monteiro: *Felizmente há Luar* (Portugália, Lisbon)

Bernardo Santaremo: *A Promessa* (Ática, Lisbon)

Poetry—

Fernando Pessoa: *Mensagem* (Ática, Lisbon)

António Botto: *Canções de António Botto* (Livraria Bertrand, Lisbon)

Quatro Quartetos by T. S. Eliot, translated by Maria Amélia Neto (this edition in bilingual form) (Edições Ática, Lisbon)

APPENDIX I

Useful and idiomatic expressions with:

SER

É por minha conta. = It's on me.
É isso mesmo. = That's just it.
É sempre assim. = It always happens that way.
Quem será? = I wonder who (he, she, it) is?
Será que . . . = I wonder if . . .
Foi sem querer. = Inadvertently.
Como foi que . . .? = How did it happen that . . .?
Seja como for . . . = In any case . . .
Antes fosse! = I wish it were!
A não ser que . . . = Unless . . .

ESTAR

Estar atrasado, adiantado, parado, certo, pronto. = To be late (or slow), in advance (fast), stopped, right, ready.
Estar triste, alegre, cansado, bem. = To be sad, gay, tired, well, or well-off.
Estar com pressa. = To be in a hurry.
Estar para sair. = To be on the point of going out.
Estar de passagem, de serviço, de folga. = To be passing through, on duty, off duty.
Estar em dia. = To be up to date.
Estar na moda. = To be in the fashion.
Estar na hora de . . . = To be time for . . .
Estar por fazer. = To be waiting to be done.
Estar por tudo.[1] = To agree with everything.

[1] In Brazil: Aceitar qualquer parada.

TER

Ter saudades de . . . = To miss; to feel nostalgia for . . .
Ter razão. = To be right.
Ter direito de . . . = To have the right to . . .
Que é que tem? = What's the matter with you?
Tem horas? = Have you the time?
Não tem perigo. = There is no danger.
Tenha a bondade de . . . = (To) be good enough to . . .

DAR

Dar a entender. = To give to understand.
Dar um passeio. = To go for a walk.
Dar um passeio de barco, de carro, etc. = To take a trip by ship, car (to go for a drive), etc.
Dar uma volta. = To go for a stroll.
Dar certo. = To come out right.
Dar os bons dias,[1] **etc.** = To say good morning, etc.
Dar-se bem (com) . . . = To get along well (with) . . .

FAZER

Fazer asneira. = To do (something) wrong.
Faz bom (mau) tempo. = The weather is good (bad).
Faz frio (calor). = It's cold (hot).
Fazer cerimónia. = To stand on ceremony.
Fazer cócegas. = To tickle.
Fazer compras. = To shop, to make purchases.
Fazer dieta. = To diet.
Fazer falta. = To be needed, to be missed.
Fazer festas.[2] = To caress.
Fazer propaganda. = To advertise.
Que é feito dele? = What happened to him?
Fez bem (mal). = You did the right (wrong) thing.
Farei o possível. = I will do my best.

---

[1] In Brazil: Dar o bom dia.   [2] In Brazil: Fazer carinho.

IR

Ir ter com; encontrar-se com . . . = To go to meet . . .
Ir com Deus, em paz. = To go in peace.
Como vai? = How are you? (How goes it?)
Vou andando. = I'll be off.
Vou já. = I'm just going.
Sempre foi ao cinema? = Did you go to the cinema (after all)?

ANDAR

Andar a pé, cavalo. = To go on foot; to ride.
Andar de bicicleta, etc. = To cycle, etc.
Ande! = Hurry up!

FICAR

Ficar com pena. = To feel sorry.
Ficar de cama. = To fall ill.
Ficar de pé. = To stand.
Ficar para trás. = To be left behind, to fall behind.
Ficar bem. = To suit; or to pass an exam.
Ficar noiva. = To become engaged.
Onde fica o museu, etc.? = Where is the museum, etc. ? (location).
Fica para a semana. = Let's make it next week.
Fica entre nós. = This is between us.
Fique descansada.[1] = Don't worry.
Não posso ficar. = I cannot stay.

PÔR

Pôr a mesa. = To lay the table.
Pôr casa.[2] = To set up house.
Pôr dúvidas. = To raise doubts.
Sem tirar nem pôr. = Precisely.

---

[1] In Brazil: Fique tranquila.
[2] In Brazil: Estar organizando a casa.

Some idiomatic English expressions:

To get dark. = **Escurecer.**

To get better. = **Melhorar.**

To get together. = **Reunir-se, juntar-se.**

To get the better of = **Levar a melhor.**

To get home. = **Chegar (regressar) a casa.**

To get out of the way = **Pôr de lado[1] (de parte).**

To get the sack. = **Ser despedido.**

If I can get away. = **Se me puder escapar.[2]**

It's getting late. = **Está a fazer-se tarde.[3]**

I couldn't get a word in edgeways. = **Não consegui abrir a boca (Não abri bico).**

To give back. = **Restituir, devolver.**

To give ear to . . . = **Dar ouvidos . . .; ligar.**

To give grounds for . . . = **Dar motivo de . . .[4]**

To give up. = **Desistir.[5]**

To give warning. = **Avisar, prevenir.**

You've given me your cold. = **Pegou-me a constipação.[6]**

You'd better give yourself an hour. = **É melhor contar com uma hora.**

You've given away a good chance. = **Perdeu uma óptima oportunidade.[7]**

I give in. = **Desisto (Cedo).**

To take advantage of . . . = **Aproveitar-se de . . . (Abusar de . . .)**

To take after . . . = **Parecer-se com . . .[8]**

To take offence. = **Ofender-se; ficar ofendido.**

Take my advice. = **Siga os meus conselhos.**

Take it from me. = **Ouça o que lhe digo; siga o meu exemplo.**

Don't take it badly. = **Não se zangue; não leve a mal.**

It took me 5 minutes. = **Levou-me cinco minutos.[9]**

He took my arm. = **Deu-me o braço.**

He took it into his head. = **Meteu-se-lhe na cabeça.[10]**

---

[1] In Brazil: Sair do caminho.
[2] In Brazil: Se puder me livrar.
[3] In Brazil: Está entardecendo.
[4] In Brazil: Dar chance a . . .
[5] In Brazil: Entregar os pontos.
[6] In Brazil: o resfriado.
[7] In Brazil: Perdeu uma óptima chance.
[8] In Brazil: Assemelhar-se.
[9] In Brazil: Tomou-me 5 minutos.
[10] In Brazil: Êle meteu na cabeça.

To turn away. = **Mandar embora; despedir; despachar**
Things have turned out badly, well. = **As coisas correram mal, bem.**
Please turn over. = **Por favor, vire (volte) a página.**
To turn over a new leaf. = **Emendar-se; mudar de rumo; mudar de vida.**
To turn a deaf ear. = **Fazer ouvidos de mercador; fingir que não ouve.**
To turn right, left. = **Virar à direita, à esquerda.**
To turn upside down. = **Virar de pernas para o ar.**[1]
It just doesn't pay off. = **Não compensa; não vale a pena.**
No sooner said than done. = **Dito e feito.**
To make up one's mind. = **Decidir-se.**
I gave him a piece of my mind. = **Disse-lhe as verdades.**
Never mind. = **Não tem importância.**

Revision Exercises

I. Up to Lesson 5

Supply the correct past tense and object pronoun:

...... (Nós entrar) o porto de Port Said quando ...... (eu chegar) ao convés. Assim que o nosso barco ...... (aproximar-se), pequenos barcos ...... (largar) da costa. ...... (Nós poder) ver que ...... (eles trazer) cambistas, guias e mercadores vendendo toda uma variedade de artigos orientais. Ao deixar o navio ...... (eu notar) que os outros passageiros ...... (discutir) preços em voz alta...... (Eu passear) sem destino durante algum tempo e ...... (observar) a vida movimentada da cidade; alguns homens ...... (vender) frutos e legumes exóticos, outros ...... (consertar) sapatos ou ...... (fabricar) tapetes em suas pequeninas lojas...... (Eu voltar) para o barco ao pôr do sol; no barco o 'mercado' ...... (continuar). Um velho que ...... (estar) sentado no convés ...... (oferecer a mim), apenas por 10 libras, um magnífico tapete persa...... (Nós regatear) por uns dez minutos, e quando o barco ...... (ir) quase a partir ......

[1] In Brazil: Fazer bagunça.

(eu comprar o tapete) por 1 libra. Quando . . . . . . (eu ir) para o meu camarote . . . . . . (ver) um marinheiro com um tapete igualzinho ao meu. . . . . . . (Eu perguntar ao marinheiro) o preço. 'Cinco xelins' . . . . . . (ele responder) 'mas . . . . . . (eu pagar o tapete) muito caro. Um homem com quem . . . . . . (eu acabar) de falar . . . . . . (dizer a mim) que . . . . . . (ele pagar) apenas dois xelins.' À noite quando . . . . . . (eu estar) a despir (-se) . . . . . . (notar) um pedaço de pano suspenso de um dos cantos do tapete. Nele . . . . . . (estar) escrito 'Made in Manchester'.

(Adapted from *Living English Structure* by W. Stannard Allen. Published by Longmans, Green and Co Ltd, London.)

Vocabulary

Consertar = to mend
Fabricar = to make, to manufacture
Guia = guide
Largar = to set out
Marinheiro = sailor
Mercador = merchant
Observar = to watch, to observe

Pano = cloth
Passageiro = passenger
Passear sem destino = to walk about
Pedaço = piece
Persa = Persian
Tapete = rug

Key to the exercise:

Entrávamos / cheguei / se aproximou / largaram / Podíamos / traziam / notei / discutiam / Passeei / observei / vendiam / consertavam / fabricavam / Voltei / continuava / estava / ofereceu-me / Regateámos / ia / comprei-o / ia / vi / Perguntei-lhe / respondeu / paguei-o / acabei / disse-me / pagou / estava a despir-me / notei / estava.

II. Up to Lesson 6

Supply the correct tense (Indicative Mood) and object pronoun:

Ontem . . . . . . (eu ir) ao teatro e . . . . . . (ver) lá o meu vizinho, Sr. Silva, mas não . . . . . . (falar a ele). Depois do teatro . . . . . .

(eu resolver) ir ao café e ...... (ver ele) novamente. Quando eu
...... (vir) a sair ele ...... (chamar eu) e ...... (nós ficar) a
conversar. Ele então ...... (contar a mim) o que ...... (acontecer a ele) antes de partir para o Japão. ...... (Ele estar) já no
aeroporto, quase a entrar para o avião, quando ...... (ele
receber) uma mensagem da polícia participando-(a ele) que a sua
casa ...... (ser assaltar). O assalto ...... (ser) comunicado à
polícia por uns outros inquilinos do prédio. ...... (Eles vir) a
sair quando ...... (notar) um homem desconhecido que ......
(vir) a entrar. Como ...... (chover) torrencialmente ......
(eles ficar) na entrada à espera de um táxi. Passados alguns
instantes ...... (eles ouvir), distintamente, passos em casa do
meu vizinho Silva. O Sr. Silva antes de partir ...... (pedir a
eles) para vigiarem a casa que ...... (ficar) sem ninguém. Como
ùltimamente ...... (haver) muitos roubos na nossa vizinhança
...... (eles resolver) telefonar imediatamente para a polícia.
Dois polícias ...... (chegar) pouco depois e ...... (entrar) sem
dificuldade em casa do Silva. ...... (Eles apanhar) o homem de
surpresa a roubar e a meter num saco algumas pratas. O ladrão
ainda ...... (tentar) fugir pelas traseiras, mas os polícias ......
(apanhar o ladrão). Devido a este incidente o Sr. Silva só ......
(poder) partir quatro dias mais tarde, o que ...... (ser) o
suficiente para perder um negócio colossal. ...... (Haver)
pessoas com muito azar! ...

Vocabulary

Assaltar = to assault
Azar = bad luck
Comunicar = to communicate; impart
Contar = to tell
Desconhecido = unknown
Distintamente = distinctly
Fugir = to flee

Incidente = incident
Inquilino = tenant
Novamente = again
Passos = steps
Prata = silver
Saco = bag
Vigiar = to keep an eye on; to watch

Key to the exercise:

fui / vi / lhe falei / resolvi / vi-o / vinha / chamou-me / ficámos / contou-me / lhe tinha acontecido (acontecera) / Estava / recebeu / participando-lhe / tinha sido assaltada (fora assaltada) / tinha sido comunicado (fora comunicado) / Vinham / notaram / vinha / chovia / ficaram / ouviram / tinha-lhes pedido (pedira-lhes) / ficava (ficaria) / tem havido / resolveram / chegaram / entraram / Apanharam / tentou / apanharam-no / pôde / foi / Há.

III. Up to Lesson 9

Supply the correct tense:

Querida Maria,

Não . . . . . . (eu querer) que . . . . . . (você pensar) que a . . . . . . (esquecer). Embora nunca lhe . . . . . . (eu escrever) . . . . . . (eu lembrar-se) constantemente das férias maravilhosas que . . . . . . (eu passar) na sua quinta o ano passado. Se eu não . . . . . . (ter) de trabalhar . . . . . . (eu ir viver) no seu país. Talvez porque o sol não . . . . . . (brilhar) aqui todo o ano, ainda que este ano a Primavera não . . . . . . (ser) muito chuvosa, ardentemente . . . . . . (nós desejar) que as férias . . . . . . (chegar) para . . . . . . (nós poder) escolher um local onde . . . . . . (haver) a certeza que o sol não nos . . . . . . (ir trair).

. . . . . . (Eu esperar) que . . . . . . (estar) todos bem e que as videiras . . . . . . (ter) tantas uvas como no último Verão. Não . . . . . . (eu pensar) que . . . . . . (haver) uvas e fruta tão boa como a sua! Logo que me . . . . . . (ser) possível . . . . . . (eu aceitar) o seu convite pois já . . . . . . (ter) saudades dos deliciosos pequenos almoços no seu pomar. . . . . . . (Eu ter) pena que aqui não . . . . . . (eu poder) fazer o mesmo. A fruta . . . . . . (apanhar) da árvore . . . . . . (ter) um sabor tão diferente! Quando me . . . . . . (reformar) . . . . . . (eu comprar) uma pequena quinta perto da sua. Mas a fim de . . . . . . (nós poder descansar) . . . . . . (nós ter) de . . . . . . (trabalhar). E agora com estes tristes pensamentos . . . . . . (dizer)-lhe adeus.

Saudades muitas da amiga sincera

Vocabulary

Ardentemente = eagerly
Brilhar = to shine
Férias = holidays
Local = place
Maravilhosa = marvellous
Pensamento = thought
Pomar = orchard

Quinta = farm
Reformar = to retire
Sabor = flavour
Trair = to betray
Uva = grape
Videira = grape vine

Key to the exercise:

quero / pense / esqueci / escreva (tenha escrito) / lembro-me / passei / tivesse / iria (ia) viver / brilhe / tenha (tivesse) sido (fosse) / desejamos / cheguem / podermos / haja / irá (vai) trair / Espero / estejam / tenham / penso / haja / for / aceitarei (aceito) / tenho / Tenho / possa / apanhada / tem / reformar / comprarei (compro) / podermos descansar / temos / trabalhar / digo-lhe.

Supply the correct tense of verb 'Ser' or 'Estar'.

1. Dizem que o clima (*is*) bom mas ontem (*it was*) muito desagradável.
2. Apesar de você (*being*) um homem inteligente, até agora (*you have been*) em lugares de pouca importância.
3. Se não (*I had been*) lá não (*I would have been*) tão criticado.
4. Quando eu (*was*) pequena (*I was*) várias vezes em Portugal.
5. Ela (*would be*) rica se não (*were*) tão extravagante.
6. Disse-lhe que (*he should be*) quieto mas isto (*was*) superior às suas forças.
7. (*I shall be*) lá às 8 horas mas duvido que ela já (*will be*) pronta.
8. Não (*it would have been*) tão divertido se eles (*had been*) no baile.
9. Embora ele (*is*) ainda uma criança, (*he is*) muito alto para a idade.
10. Ela ainda (*was*) a estudar mas nós já (*were*) deitados.

11. Quando ele (*is*) nomeado director (*it will be*) impossível conviver com ele.
12. A culpa (*was*) inteiramente minha. Ela (*was*) à minha espera há mais de duas horas.

Vocabulary

Superior às suas forças = beyond his power
Nomear = to appoint
Conviver = to live (together)

Key to the exercise:

1. é / esteve. 2. ser / tem estado. 3. tivesse estado / teria (tinha) sido. 4. era / estive. 5. estaria (seria) / fosse. 6. estivesse / era. 7. estarei / esteja. 8. teria (tinha) sido / tivessem estado. 9. seja / está. 10. estava / estávamos. 11. for / será. 12. foi / estava.

Supply the correct object pronoun, in the right position, making the necessary change to the verb:

1. Ela não queria ver (*him*) mas fui visitar (*her*) e consegui convencer (*her*).
2. Nunca disse (*them*) o que se passou, mas eles vieram a saber (*it*) mais tarde.
3. Mesmo contra a vontade de todos eles comprarão (*it*; mas.) por isso nem vale a pena demonstrar (*them*) que fazem asneira.
4. Olhou para (*me*) mas fingiu que não via (*me*).
5. Dia sim, dia não ela telefona (*us*) mas faz (*it*) apenas porque não tem mais nada que fazer.
6. Eles compram dois bolos e dão (*them*) às crianças. Elas comem (*them*) todas contentes.
7. Levantámos (*ourselves*) cedo mas já não vimos (*him*).
8. Apesar das flores estarem murchas, peguei em (*them*) e comecei a pôr (*them*) na jarra.

9. Sonhar com (*you*) não é um prazer para (*me*) mas um pesadelo.
10. Gosto imenso de ter (*him*) cá em casa, mas não parece (*me*) que ele vá sentir (*himself*) à vontade.
11. Quer queira, quer não queria, tenho que ir visitar (*him*) e contar (*him*) o que aconteceu.
12. Eles têm (*him*) já em casa mas não sabem o que fazer com (*him*).

Vocabulary

Contra = against
Vontade = will
Asneira = blunder
Dia sim, dia não = every other day

Bolo = cake
Murchas = faded
Jarra = vase
Pesadelo = nightmare

Key to the exercise:

1. vê-lo / visitá-la / convencê-la. 2. Nunca lhes disse / sabê-lo. 3. comprá-lo-ão / demonstrar-lhes. 4. mim / não me via. 5. telefona-nos / fá-lo. 6. dão-nos / comem-nos. 7. levantamo-nos / não o vimos. 8. nelas / pô-las. 9. consigo / para mim. 10. de o ter / não me parece / que ele se vá. 11. que o ir visitar (que ir visitá-lo) / contar-lhe. 12. têm-no / com ele.

Supply the correct preposition:

1. Antes . . . o almoço fui . . . o banco . . . levantar dinheiro.
2. Já passa . . . o meio-dia, e tenho que me encontrar . . . ele . . . o meio-dia e um quarto.
3. Nunca trabalho . . . a noite. . . . manhã faço metade do trabalho e . . . tarde acabo-o.
4. Mandei a encomenda . . . via aérea mas esqueci-me . . . a registar.
5. Gosto muito . . . este meu primo direito. Fomos criados juntos . . . pequenos.

6. Estou muito preocupada . . . a falta de notícias. Já me aconselharam . . . mandar um telegrama.
7. . . . esta vez partiram . . . quinze dias. Depois . . . regressarem, partirão novamente . . . a Itália . . . oito dias.
8. . . . acaso estive ontem . . . a casa nova. Disseram-me que venderam a velha . . . 200 contos.
9. Eu preciso . . . a sua ajuda . . . fazer isto.
10. Adiei as minhas férias . . . o próximo mês, visto ela ainda não ter voltado . . . o estrangeiro.
11. Ele vai . . . o José assistir . . . o campeonato, mas o José é tão distraído que acabará . . . se esquecer . . . o dia exacto.
12. Obrigou-me . . . mudar . . . ementa porque queria . . . a força um molho picante . . . o jantar.

Vocabulary

Metade = half
Primo direito = first cousin
Criar = to create; to bring up
Acaso = hazard; chance
Adiar = to postpone
Estrangeiro = foreign; abroad
Assistir = to attend

Campeonato = championship
Ser distraído = to be absent-minded
Obrigar = to compel
Molho = sauce
Picante = spicy

`Key to the exercise:

1. do / ao / para. 2. do / com / ao. 3. à / De / de. 4. por / de. 5. deste / desde. 6. com / a. 7. Desta / por / de / para / por. 8. Por / na / por. 9. da / para. 10. para / do. 11. com / ao / por / do. 12. a / de / à / para.

Palavras Cruzadas

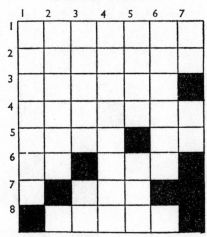

Horizontais:

1. Parte do corpo (plural)
2. Ande com velocidade
3. Terá conhecimento
4. Difícil de respirar (feminino)
5. Ele anda com o barco; artigo definido (plural)
6. Terminação verbal; dentro delas
7. Três primeiras letras de um país da Europa
8. Numeral

Verticais:

1. Casa muito grande   2. Terminem
3. Tomem; partir   4. Animal selvagem
5. Produto para o chão; Letras de capaz
6. Instrumento para lavrar a terra (plural)
7. Catedral; artigo definido (plural)

Key: Horizontais

1. Cabeças. 2. Acelere. 3. Saberá. 4. Abafada. 5. Rema.; os. 6. Am.; nas. 7. Ita. 8. Treze

Verticais

1. Casarão. 2. Acabem. 3. Bebam.; ir. 4. Elefante. 5. Cera.; aaz.
6. Arados. 7. Sé; as

Palavras Cruzadas

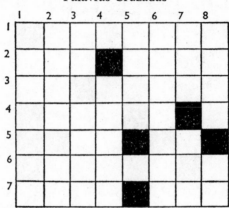

Horizontais:

1. Coisa muito fácil
2. Ele liga; gostas
3. Peça de vestuário de Inverno
4. Fugir
5. Levante; pronome pessoal
6. Punha um açaime ao cão
7. Flor; lugar onde vivemos

Verticais:

1. Cortar diamantes
2. Que vem dos antepassados
3. Quartos
4. Pensamento
5. Letras de lápis
6. Que não morre
7. Que não está bem; fruta
8. Órgãos de voo das aves; aquilo que respiramos

Key: Horizontais

1. Facílima. 2. Ata.; amas. 3. Camisola. 4. Evadir. 5. Tire; tu. 6. Açaimava. 7. Rosa; lar

Verticais

1. Facetar. 2. Atávico. 3. Câmaras. 4. Ideia. 5. Lasi. 6. Imortal. 7. Mal; uva. 8. Asas; ar

APPENDIX II

As a revision for Regular Verbs, see the following Table. Only the endings are inserted.

Presente do Indicativo			*Presente do Conjuntivo*			*Imperfeito do Indicativo*		
-ar	-er	-ir	-ar	-er	-ir	-ar	-cr	-ir
-o	-o	-o	-e	-a	-a	-ava	-ia	-ia
-as	-es	-es	-es	-as	-as	-avas	-ias	-ias
-a	-e	-e	-e	-a	-a	-ava	-ia	-ia
-amos	-emos	-imos	-emos	-amos	-amos	-ávamos	-íamos	-íamos
-ais	-eis	-is	-eis	-ais	-ais	-áveis	-íeis	-íeis
-am	-em	-em	-em	-am	-am	-avam	-iam	-iam

Pretérito Perfeito			*Pretérito mais que Perfeito*			*Imperfeito do Conjuntivo*		
-ar	-er	-ir	-ar	-er	-ir	-ar	-er	-ir
-ei	-i	-i	-ara	-era	-ira	-asse	-esse	-isse
-aste	-este	-iste	-aras	-eras	-iras	-asses	-esses	-isses
-ou	-eu	-iu	-ara	-era	-ira	-asse	-esse	-isse
-ámos	-omos	-imos	-áramos	-éramos	-íramos	-ássemos	-êssemos	-íssemos
-astes	-estes	-istes	-áreis	-éreis	-íreis	-ásseis	-êsseis	-ísseis
-aram	-eram	-iram	-aram	-eram	-iram	-assem	-essem	-issem

Futuro do Conjuntivo			Futuro Imperfeito			Condicional Imperfeito		
-ar	-er	-ir	-ar	-er	-ir	-ar	-er	-ir
-ar	-er	-ir	-ei	-ei	-ei	-ia	-ia	-ia
-ares	-eres	-ires	-ás	-ás	-ás	-ias	-ias	-ias
-ar	-er	-ir	-á	-á	-á	-ia	-ia	-ia
-armos	-ermos	-irmos	-emos	-emos	-emos	-íamos	-íamos	-íamos
-ardes	-erdes	-irdes	-eis	-eis	-eis	-íeis	-íeis	-íeis
-arem	-erem	-irem	-ão	-ão	-ão	-iam	-iam	-iam

Imperativo[1]			Particípio Passado			Gerúndio		
-ar	-er	-ir	-ar	-er	-ir	-er	-er	-ir
—	—	—						
-a	-e	-e						
(-e)	(-a)	(-a)	-ado	-ido	ido	-ando	-endo	-indo
(-emos)	(-amos)	(-amos)						
-ai	-ei	-i						
(-em)	(-am)	(-am)						

[1] The Portuguese Imperative has only the two forms (tu and vós) expressed here. For a Polite Order (see Lessons 3 and 7), and for a negative command the Imperative is the same as the 'Presente do Conjuntivo', given in brackets.

ORTHOGRAPHICAL-CHANGING VERBS

Only for phonetic reasons some verbs, in order to preserve the sound of the stem, have to undergo some orthographic changes. See the following Table:

Infinitive ending in	-car	-çar	-cer	-gar	-ger -gir	-guer -guir
change to						
before: a, o	—	—	-ç	—	-j	-g
e, i	-qu	-c	—	-gu	—	--

Examples

                    ficar . . . fique
                    conhecer . . . conheço
                    fugir . . . fujo
                    seguir . . . sigo

RADICAL-CHANGING VERBS

Some verbs, mostly those of the third conjugation, change a letter of the radical in the Present Indicative (first person singular); therefore also in the whole Present Subjunctive. Here are the most common ones:

E to I

> conseguir (*to achieve*)—consigo, consegues . . .
> despir (*to undress*)—dispo, despes . . .
> divertir (*to enjoy*)—divirto, divertes . . .
> ferir (*to wound*)—firo, feres . . .
> mentir (*to lie*)—minto, mentes . . .
> repetir (*to repeat*)—repito, repetes . . .
> seguir (*to follow*)—sigo, segues . . .
> sentir (*to feel*)—sinto, sentes . . .
> servir (*to serve*)—sirvo, serves . . .
> vestir (*to dress*)—visto, vestes . . .

O to U

> cobrir (*to cover*)—cubro, cobres . . .
> descobrir (*to discover*)—descubro, descobres . . .
> dormir (*to sleep*)—durmo, dormes . . .
> tossir (*to cough*)—tusso, tosses . . .
> subir (*to go up*) has the following changes:

> > subo
> > sobes
> > sobe
> > subimos
> > subis
> > sobem

Verbs conjugated in the same way as **subir** are:

> > construir (*to build*)
> > destruir (*to destroy*)
> > fugir (*to flee*)

IRREGULAR

	Presente do Indicativo	Presente do Conjuntivo	Imperfeito do Indicativo	Pretérito Perfeito	Pretérito mais que Perfeito
Crer (to believe)	creio crês crê cremos credes crêem	creia creias creia creiamos creiais creiam	Regular	Regular	Regular
Dar (to give)	dou dás dá damos dais dão	dê dês dê dêmos deis dêem	Regular	dei deste deu demos destes deram	dera deras dera déramos déreis deram
Dizer (to say)	digo dizes diz dizemos dizeis dizem	diga digas diga digamos digais digam	Regular	disse disseste disse dissemos dissestes disseram	dissera disseras dissera disséramos disséreis disseram
Estar (to be)	estou estás está estamos estais estão	esteja estejas esteja estejamos estejais estejam	Regular	estive estiveste esteve estivemos estivestes estiveram	estivera estiveras estivera estivéramos estivéreis estiveram
Fazer (to do, make)	faço fazes faz fazemos fazeis fazem	faça faças faça façamos façais façam	Regular	fiz fizeste fez fizemos fizestes fizeram	fizera fizeras fizera fizéramos fizéreis fizeram
Haver (to have)	hei hás há havemos haveis hão	haja hajas haja hajamos hajais hajam	Regular	houve houveste houve houvemos houvestes houveram	houvera houveras houvera houvéramos houvéreis houveram
Ir (to go)	vou vais vai vamos ides vão	vá vás vá vamos vades vão	Regular (ia, etc.)	fui foste foi fomos fostes foram	fora foras fora fôramos fôreis foram

Note: To avoid confusion, the 'Presente do Indicativo', 'Presente do Conjuntivo', 'Impera-

VERBS

Imperfeito do Conjuntivo	Futuro do Conjuntivo	Futuro Imperfeito	Condicional Imperfeito	Imperativo[1]	Particípio Passado	Gerúndio
Regular	Regular	Regular	Regular	— crê (creia) (creiamos) crede (creiam)	crido	crendo
desse desses desse déssemos désseis dessem	der deres der dermos derdes derem	Regular	Regular	— dá (dê) (dêmos) dai (dêem)	dado	dando
dissesse dissesses dissesse disséssemos dissésseis dissessem	disser disseres disser dissermos disserdes disserem	direi dirás dirá diremos direis dirão	diria dirias diria diríamos diríeis diriam	— diz(e) (diga) (digamos) dizei (digam)	dito	dizendo
estivesse estivesses estivesse estivéssemos estivésseis estivessem	estiver estiveres estiver estivermos estiverdes estiverem	Regular	Regular	— está (esteja) (estejamos) estai (estejam)	estado	estando
fizesse fizesses fizesse fizéssemos fizésseis fizessem	fizer fizeres fizer fizermos fizerdes fizerem	farei farás fará faremos fareis farão	faria farias faria faríamos faríeis fariam	— faz(e) (faça) (façamos) fazei (façam)	feito	fazendo
houvesse houvesses houvesse houvéssemos houvésseis houvessem	houver houveres houver houvermos houverdes houverem	Regular	Regular	— há (haja) (hajamos) havei (hajam)	havido	havendo
fosse fosses fosse fôssemos fôsseis fossem	for fores for formos fordes forem	Regular	Regular	vai (vá) (vamos) ide (vão)	ido	indo

tivo', 'Particípio Passado', and 'Gerúndio' are given in full, although some are regular.

[1] See Note, p. 160.

IRREGULAR

	Presente do Indicativo	Presente do Conjuntivo	Imperfeito do Indicativo	Pretérito Perfeito	Pretérito mais que Perfeito
Ler (to read)	leio lês lê lemos ledes lêem	leia leias leia leiamos leiais leiam	Regular	Regular	Regular
Medir (to measure)	meço medes mede medimos medis medem	meça meças meça meçamos meçais meçam	Regular	Regular	Regular
Ouvir (to hear)	ouço ouves ouve ouvimos ouvis ouvem	ouça ouças ouça ouçamos ouçais ouçam	Regular	Regular	Regular
Pedir (to ask for)	peço pedes pede pedimos pedis pedem	peça peças peça peçamos peçais peçam	Regular	Regular	Regular
Perder (to lose)	perco perdes perde perdemos perdeis perdem	perca percas perca percamos percais percam	Regular	Regular	Regular
Poder (can, may, to be able)	posso podes pode podemos podeis podem	possa possas possa possamos possais possam	Regular	pude pudeste pôde pudemos pudestes puderam	pudera puderas pudera pudéramos pudéreis puderam
Pôr to put)	ponho pões põe pomos pondes põem	ponha ponhas ponha ponhamos ponhais ponham	punha punhas punha púnhamos púnheis punham	pus puseste pôs pusemos pusestes puseram	pusera puseras pusera puséramos puséreis puseram

VERBS—*continued*

Imperfeito do Conjuntivo	Futuro do Conjuntivo	Futuro Imperfeito	Condicional Imperfeito	Imperativo	Particípio Passado	Gerúndio
Regular	Regular	Regular	Regular	— lê (leia) (leiamos) lede (leiam)	lido	lendo
Regular	Regular	Regular	Regular	— mede (meça) (meçamos) medi (meçam)	medido	medindo
Regular	Regular	Regular	Regular	— ouve (ouça) (ouçamos) ouvi (ouçam)	ouvido	ouvindo
Regular	Regular	Regular	Regular	— pede (peça) (peçamos) pedi (peçam)	pedido	pedindo
Regular	Regular	Regular	Regular	— perde (perca) (percamos) perdei (percam)	perdido	perdendo
pudesse pudesses pudesse pudéssemos pudésseis pudessem	puder puderes puder pudermos puderdes puderem	Regular	Regular	— pode (possa) (possamos) podei (possam)	podido	podendo
pusesse pusesses pusesse puséssemos pusésseis pusessem	puser puseres puser pusermos puserdes puserem	Regular	Regular	— põe (ponha) (ponhamos) ponde (ponham)	posto	pondo

IRREGULAR

	Presente do Indicativo	Presente do Conjuntivo	Imperfeito do Indicativo	Pretérito Perfeito	Pretérito mais que Perfeito
Querer (to want)	quero queres quer queremos quereis querem	queira queiras queira queiramos querais queiram	Regular	quis quiseste quis quisemos quisestes quiseram	quisera quiseras quisera quiséramos quiséreis quiseram
Rir (to laugh)	rio ris ri rimos rides riem	ria rias ria riamos riais riam	Regular	Regular	Regular
Saber (to know, know how to)	sei sabes sabe sabemos sabeis sabem	saiba saibas saiba saibamos saibais saibam	Regular	soube soubeste soube soubemos soubestes souberam	soubera souberas soubera soubéramos soubéreis souberam
Ser (to be)	sou és é somos sois são	seja sejas seja sejamos sejais sejam	era eras era éramos éreis eram	fui foste foi fomos fostes foram	fora foras fora fôramos fôreis foram
Ter (to have)	tenho tens tem temos tendes têm	tenha tenhas tenha tenhamos tenhais tenham	tinha tinhas tinha tínhamos tínheis tinham	tive tiveste teve tivemos tivestes tiveram	tivera tiveras tivera tivéramos tivéreis tiveram
Trazer (to bring)	trago trazes traz trazemos trazeis trazem	traga tragas traga tragamos tragais tragam	Regular	trouxe[1] trouxeste trouxe trouxemos trouxestes trouxeram	trouxera trouxeras trouxera trouxéramos trouxéreis trouxeram
Valer (to be worth)	valho vales vale valemos valeis valem	valha valhas valha valhamos valhais valham	Regular	Regular	Regular

[1] The x has a sound of 'ss'.

VERBS—*continued*

Imperfeito do Conjuntivo	*Futuro do Conjuntivo*	*Futuro Imperfeito*	*Condicional Imperfeito*	*Imperativo*	*Particípio Passado*	*Gerúndio*
quisesse quisesses quisesse quiséssemos quisésseis quisessem	quiser quiseres quiser quisermos quiserdes quiserem	*Regular*	*Regular*	— quer(e) (queira) (queiramos) querei (queiram)	querido	querendo
Regular	*Regular*	*Regular*	*Regular*	— ri (ria) (riamos) ride (riam)	rido	rindo
soubesse soubesses soubesse soubéssemos soubésseis soubessem	souber souberes souber soubermos souberdes souberem	*Regular*	*Regular*	— sabe (saiba) (saibamos) sabei (saibam)	sabido	sabendo
fosse fosses fosse fôssemos fôsseis fossem	for fores for formos fordes forem	*Regular*	*Regular*	— sê (seja) (sejamos) sede (sejam)	sido	sendo
tivesse tivesses tivesse tivéssemos tivésseis tivessem	tiver tiveres tiver tivermos tiverdes tiverem	*Regular*	*Regular*	— tem (tenha) (tenhamos) tende (tenham)	tido	tendo
trouxesse trouxesses trouxesse trouxéssemos trouxésseis trouxessem	trouxer trouxeres trouxer trouxermos trouxerdes trouxerem	trarei trarás trará traremos trareis trarão	traria trarias traria traríamos traríeis trariam	— traz(e) (traga) (tragamos) trazei (tragam)	trazido	trazendo
Regular	*Regular*	*Regular*	*Regular*	— vale (valha) (valhamos) valei (valham)	valido	valendo

IRREGULAR

	Presente do Indicativo	Presente do Conjuntivo	Imperfeito do Indicativo	Pretérito Perfeito	Pretérito mais que Perfeito
Ver (to see)	vejo vês vê vemos vedes vêem	veja vejas veja vejamos vejais vejam	Regular	vi viste viu vimos vistes viram	vira viras vira víramos víreis viram
Vir (to come)	venho vens vem vimos vindes vêm	venha venhas venha venhamos venhais venham	vinha vinhas vinha vínhamos vínheis vinham	vim vieste veio viemos viestes vieram	viera vieras viera viéramos viéreis vieram

VERBS—*continued*

Imperfeito do Conjuntivo	Futuro do Conjuntivo	Futuro Imperfeito	Condicional Imperfeito	Imperativo	Particípio Passado	Gerúndio
visse visses visse víssemos vísseis vissem	vir vires vir virmos virdes virem	Regular	Regular	— vê (veja) (vejamos) vede (vejam)	visto	vendo
viesse viesses viesse viéssemos viésseis viessem	vier vieres vier viermos vierdes vierem	Regular	Regular	— vem (venha) (venhamos) vinde (venham)	vindo	vindo

VOCABULÁRIO

A

abaixar = to lower
abaixo = down
abatimento m. = discount, rebate
aberto = opened; frank
abotoar = to button up
abraçar = to embrace
abrigo m. = shelter
abrir = to open
acabar = to finish
— de + infinit. = to have just + past participle
— por = to end up by
acção f. = action
aceitar = to accept
acender = to light; switch on
acepipe m. = hors d'œuvre; delicacy
achar = to find
— que = to think that
não acha? = don't you agree?
aço m. = steel
acompanhar = to accompany
acondicionamento m. = packing
acondicionar = to pack (goods)
aconselhar = to advise
acontecer = to happen
acordar = to wake (up)
acordo m. = agreement
acreditar = to believe
actual = present, at this moment
actualmente = nowadays
açúcar m. = sugar
acusar = to accuse; to acknowledge
adeus m. = good-bye
dizer — = to say good-bye
adiar = to postpone
admirável = remarkable
adormecer = to go to sleep

aeroporto m. = airport
afastar = to push away
afinal = after all
africano = African
agitar = to move; to shake
aglomeração f. = conglomeration
agora = now
— mesmo = right now
— não = not now
agradar = to please
agradável = pleasant, agreeable
água f. = water
— -pé f. = weak wine
aguentar = to support, hold; to endure
aí = there (near you)
— uns = for about
ainda = still, yet
— bem = it's a good thing
— não = not yet
— que = although, even
ajudar = to aid
aldeia f. = hamlet
alegre = gay, cheerful
além de = beyond
— disso = besides that
alface f. = lettuce
algodão m. = cotton
— em rama m. = cotton-wool
alho m. = garlic
ali = there (over there)
aliado = allied, ally
aliança f. = alliance; wedding-ring
almofada f. = pillow, cushion
alojamento m. = lodging
alto = tall; high
altura f. = height
nessa — = then
alugar = to rent, hire

amanhecer = to dawn
  ao — = at dawn, daybreak
amarelo m. = yellow; pale (people)
amável = amiable, pleasant
ambos = both
amigo m. = friend
amor m. = love
ananás m. = pineapple
andar = to walk; to be
andar m. = walk; floor, storey
aniversário m. = anniversary; birthday
  — de casamento m. = wedding anniversary
  — de nascimento m. = birthday
ano m. = year
anoitecer = to become dark (day)
  ao — = at nightfall
antecedência f. = antecedent
  com — = in advance, ahead
anterior = previous
antigo = old; antique
antipático = unpleasant; disagreeable (people)
aonde = where (motion), whither
apagar = to put out; to switch off
apanhar = to catch; to pick; to get
aparecer = to appear, come into view
aparentemente = apparently
apartamento m. = flat; separation
apear-se = to alight
apertado = tight, close-fitting
apertar = to tighten
— a mão = to shake hands
apesar de = in spite of
apetecer = to feel like; to appeal
aplaudir = to applaud
aplicar = to apply, employ
apostar = to bet
apreciar = to appreciate; to enjoy
aprender = to learn
— de cor = to learn something by heart
apresentar = to introduce

aproveitar = to profit by; to take advantage of
aproximar-se de = to approach, draw near to
aquecer = to warm
aqui = here
  por — = this way
ar m. = air
  ao — livre = in the open air
armada f. = armada, fleet
armário m. = cupboard
arranhar = to scratch
arranhão m. = scratch
arranjar = to arrange; to prepare; to obtain; to repair
arrefecer = to cool off
arrepiar = to frighten; to make hair stand on end
arroz m. = rice
arruinar = to ruin
arruinar-se = to go bankrupt
arrumar = to tidy up (a room, etc.); to put away
arrumação f. = storage space; storing
arte f. = art
artigo m. = article
asa f. = wing
assar = to roast
assim = like this, so
  — -assim = so-so
assistir = to attend, be present
associar = to associate
assunto m. = matter, subject
atar = to tie, fasten
atenção f. = attention
  prestar — = to pay attention
atordoar = to daze
atrasar = to delay; to put back
através de = through, across
atravessar = to cross
aula f. = class(room)
aumentar = to increase
autor m. = author
auxiliar = to help

avenida f. = avenue
avisar = to warn; to inform
aviso m. = warning; notice
avô m. = grandfather
avó f. = grandmother
avós m. pl. = grandparents; ancestors
azul m. = blue

B

bagagem f. = luggage
bairro m. = district (in a town)
baixo = short; low
balde m. = bucket
bandeja f. = tray
banheira f. = bath(tub)
barbear-se = to have a shave
barulho m. = noise
barraca f. = tent
basco m. = Basque
bastante = very, rather, plenty; enough
bastar = to be sufficient
batata f. = potato
batuque m. = African music
biblioteca f. = library
bicha f. = queue
bifana f. = hamburger
bife m. = steak; (colloq.) Englishman
boca f. = mouth
bocado m. = bit; piece; while (period of time)
boi m. = ox
bola f. = ball
bolo m. = cake
bonito = pretty, nice
bordar = to embroider
braço m. = arm
branco m. = white
brasileiro m. = Brazilian
brevemente = shortly
brilhante = brilliant, shining
brisa f. = breeze
burguês m. = bourgeois

buscar = to seek for
ir — = to fetch
mandar — = to send for

C

cá (aqui) = here
— **dentro** = inside (here)
cabeça f. = head
— **no ar** = head in the clouds
cabelo m. = hair
— **loiro** = blond hair
— **preto** = black hair
— **ruivo** = red hair
cabine f. = booth; cabin
— **telefónica** f. = telephone box
caçar = to hunt
caçador m. = hunter
cachorro m. = puppy
— **quente** m. = hot-dog
cada = each
— **um (qual)** = each one
— **vez mais** = more and more
— **vez melhor** = better and better
— **vez menos** = less and less
cair = to fall
deixar — = to drop
calor m. = heat
estar (fazer) — = to be hot (weather)
sentir — = to feel hot (people)
ter (estar com) — = to be hot (people)
câmara f. = chamber
— **Municipal** f. = Town Hall
caminho m. = path, way
a — **de** = on the way to
— **de ferro** m. = railway
campo m. = country(side); field
pôr-se em — = to come into play
canal m. = channel
candeeiro m. = lamp-post; lamp
— **de pé** m. = standard lamp
— **de tecto** m. = chandelier
caneta f. = pen

cansar = to tire
canto m. = (inside) corner; singing
cão m. = dog
caravela f. = caravel (sailing-ship)
carne f. = meat, flesh
carteiro m. = postman
carvalho m. = oak
carvão m. = coal
casa f. = house; flat
    em — = at home
casamento m. = marriage, wedding
casar = to marry
casar-se = to get married
castelhano m. = Castilian
castigar = to punish
causa f. = cause
    por — de = because of, on account of
cauteloso = careful
cavaleiro m. = horseman
cavalheiro m. = gentleman
cavalo m. = horse
    andar a — = to ride
cedo = early
cego m. = blind
centavo m. = centavo (Portuguese coin)
cerca de = about, around
certeza f. = certainty
    com — = of course
    ter a — = to be sure
certo = certain, correct
certamente = certainly
cerveja f. = beer
céu = sky; heaven
chão m. = ground; floor
    rés-do- — m. = ground floor
chapéu m. = hat
    — de chuva m. = umbrella
    — de sol m. = sunshade
chave f. = key
chávena f. = cup
chegar = to arrive; to reach
    — cedo = to be early

— tarde = to be late
— para = to be enough for
cheio = full
cheirar = to smell
cheiro m. = smell
choque m. = shock; clash; crash
chorar = to cry, weep
chuva f. = rain
cidade f. = city, town
ciência f. = science
cima f. = top
    cá em — = up here
    lá em — = up there
    em — de = on (top) of
    por — de = above
    para — = upstairs (motion); upwards
cimo m. = top, summit
cinzento m. = gray
ciúme m. = jealousy
ciumento m. = jealous
claro = clear, light; of course
clima m. = climate
cobertor m. = blanket
cobrir = to cover
coçar = to scratch (with fingernails)
coelho m. = rabbit
coisa f. = thing
    alguma — = something
colégio m. = school
colina f. = hill
colher f. = spoon
colorido = coloured
com = with
combinar = to arrange for; to combine
começar a = to start
comer = to eat
como = as, like; how
cómodo = comfortable
companhia = company
compota f. = jam
    — de laranja f. = marmalade
compreender = to understand
comprido = long

comprimento m. = length
concordar = to agree
conforme = according to
é — = it all depends
concelho m. = council
conseguir = to achieve; to manage to (do something)
conselho m. = advice
consertar = to repair
contar = to count; to tell
contente = happy, content
contornar = to circle
contra = against
contrário = contrary
ao (pelo) — = on the contrary
estar ao — = to be inside out
contudo = however
conversar = to talk, chat
convir = to be convenient
convite m. = invitation
copo m. = (a) glass
— de água m. = glass of water; wedding reception
coração m. = heart
coragem f. = courage
corar = to blush
corpo m. = body
corrente = instant (inst.)
correr = to run
corrigir = to correct
coser = to sew
costa f. = coast
costas f. pl. = back (of a person, chair, etc.)
costumar = to be in the habit of
costureira f. = (small) dressmaker
covarde m. = coward
cozer = to boil, cook
cozinha = kitchen; cooking
cozinhar = to cook
crer = to believe
crescer = to grow
criada f. = maid; waitress
criado m. = servant; waiter
criança f. = child

criar = to create; to bring up; to breed
cru = raw
cuidado m. = care
estar com (ter) — = to be careful
estar em — = to be worried
cumprimentar = to greet; to pay one's respect to
cumprimentos m. pl. = compliments
cumprir = to fulfil; to serve (sentence)
curto = short
custar = to cost; to be difficult

D

dançar = to dance
data f. = date
debaixo de = under(neath)
dedo m. = finger
defeito m. = fault, defect
degrau m. = step
deitar = to lay, put (down); to pour
— fora = to throw away
deitar-se = to go to bed; to lie down
demais (demasiado) = far too much
demorar = to delay
dentro de = inside
cá — = inside (here)
depressa = quickly, fast
desacordo m. = disagreement
desatar = to unfasten
— a = to burst out
descansar = to rest
descer = to go down; to lower
desde = from, since
desejar = to wish, desire
desejoso = eager
desfazer = to undo
desgosto m. = sorrow
desiludir = to disappoint
desnecessário = unnecessary
despedir = to dismiss
despedir-se = to take one's leave; to say good-bye
despertador m. = alarm clock

despir = to undress
despir-se = to get undressed
detrás de = behind
Deus m. = God
devagar = slowly
dever = to owe; must; ought; to have to
dever m. = duty
devido a = due to
devolver = to return, give back
diária f. = per day tariff (hotel, etc.)
diferença f. = difference
diferente = different
difícil = difficult
direcção f. = direction; address
direito = straight; right
    estudar — = to study Law
dirigir = to direct
dirigir-se a (para) = to go towards
discordar = to disagree
discutir = to discuss
disposição f. = disposition; condition
    à — de = at one's disposal
divertir = to enjoy; to amuse
doença f. = illness
doente m. = ill
domingueiro = Sunday; worn on Sunday
dona f. = equivalent to Mrs.; owner
— de casa = housewife
donde = from where, whence
dono m. = owner
dormir = to sleep
durante = during, for
duvidar = to doubt

E

edifício m. = building
eficiência f. = efficiency
elevado = high
elevador (ascensor) m. = lift
embate m. = clash; crash
embater = to crash
embirrar = to take a strong dislike to

embora = although
    ir-se — = to go away
embrulho m. = parcel
emoção f. = emotion
empregado m. = employee; waiter
emprego m. = job
emprestar = to lend
encontro m. = meeting, encounter
encorajador = encouraging
enganar = to deceive
enganar-se = to be mistaken
engomar = to press; to starch
engraxar = to polish (footwear)
enorme = enormous, immense
enquanto = while
enredo m. = plot
ensinar = to teach
então = then; well!
entender = to understand
entrar em = to enter; go in
entre = between, among
entreter = to occupy; entertain
entrevista f. = interview
entupir = to block (up)
envergonhar-se = to be ashamed
enxugar = to dry; to wipe
época f. = epoch, period, age
erro m. = mistake
escola f. = school
escritor m. = writer
escritório m. = office
escudo m. = escudo (Portuguese monetary unit); shield
escuro = dark
esgotar = to be sold out; to exhaust
espaço m. = space, room
Espanha f. = Spain
espanhol m. = Spaniard
espectáculo m. = show, spectacle
esperança f. = hope
espelho m. = mirror
esperar = to wait; to expect; to hope
esposa f. = wife (very formal)
espumar = to bubble; to foam
esquecer = to forget

esquecer-se de = to forget
esquerdo = left
esquina f. = (outside) corner
estabelecer = to establish
estação f. = station; season
estacionar = to park; to come to a stop
estacionamento = parking (car)
   parque de — = car park
estimar = to esteem; to hope
estrada f. = road
estragar = to spoil
estuário m. = estuary
estudar = to study
estudo m. = study
estufa f. = greenhouse
estufar = to bake
exigente = hard to please
êxito m. = success

F

fábrica f. = factory
fabricar = to manufacture
faca f. = knife
fácil = easy
facilitar = to make easy; to help
facto m. = fact
   de — = in fact; really
fado m. = popular Portuguese song; fate
faltar = to be missing; to lack
família f. = family
farol m. = headlight; lighthouse
fartar = to grow tired; to over-do
fechadura f. = lock
feliz = happy, lucky
feriado m. = public holiday
férias f. pl. = holidays
ferida f. = wound
ferir = to wound, to hurt
ferro m. = iron
   — de engomar = (an) iron
ferver = to boil
   a — = boiling; very hot

festa f. = party; festival; (pl.) caress
ficar para = to postpone
fila f. = queue, line
filha f. = daughter
filigrana f. = filigree
filtro m. = tipped (cigarettes), filter
fim m. = end; aim
findo = last, ultimo (Ult.)
fingir = to pretend
flor f. = flower
florescer = to flourish
fogão m. = cooker
fogo m. = fire
folha f. = leaf
fome f. = hunger
   estar com (ter) — = to be hungry
fora = out
   lá — = outside
formato m. = shape
forno m. = oven
fortaleza f. = fortress
forte = strong
fortuna f. = fortune; wealth
fraco = weak; mild
França f. = France
francês m. = French
frente = front
   à — = at the front; in front
   em — = opposite
fresco = cool, fresh
frio m. = cold
   estar (fazer) — = to be cold (weather)
   sentir — = to feel cold (people)
   ter (estar com) — = to be cold (people)
fritar = to fry
frota f. = fleet
fruta f. = fruit
funcionário m. = official
fundar = to found
fundo m. = bottom; background; fund(s)
   ir ao — = to sink
futebol m. = football

G

galera f. = galley
galinha f. = hen; chicken
galo m. = cock
ganhar = to win, earn
garfo m. = fork
garoto m. = small boy
garrafa f. = bottle
gastar = to spend
gato m. = cat
gaveta f. = drawer
gelado m. = ice-cream; iced
gelar = to ice, freeze
gelo m. = ice
génio m. = genius; temperament
  mau — = bad temper
gente f. = people
geralmente = usually
gesto m. = gesture
glutão m. = glutton
gordo m. = fat
governo m. = government
Grã-Bretanha f. = Great Britain
graça = grace; wit
  de — = free of charge
  ter — = to be funny
gratuito = gratis
grave = serious, grave
Grécia f. = Greece
grelhar = to grill
gritar = to shout
grupo m. = group
guarda m. = guard, keeper
guerra f. = war
guia m. = guide

H

habitante m. = inhabitant
habituar = to be in the habit of
história f. = history; story
hoje = today
homem m. = man
honestidade f. = honesty

horário m. = timetable
horizonte m. = horizon
horta f. = vegetable garden
hóspede m. = guest; lodger

I

idade f. = age; period
ideia f. = idea
idêntico = identical
igreja f. = church
igual = equal
ilustre = eminent
imediatamente = immediately, at
  once
imenso = plenty
importância f. = importance
  não tem — = it doesn't matter
impossível = impossible
inata = inborn
incapaz = incapable, unable
incapacidade f. = incapacity
incluso = included, enclosed
indeciso = undecided
indicar = to indicate, point out
Índico = Indian
  Oceano — m. = Indian Ocean
indignado = indignant
indivíduo m. = person, fellow
infeliz = unhappy
infelizmente = unfortunately
informação f. = information, inquiry
iniciar = to initiate
inimigo m. = enemy
instalar = to install; to settle
instituição f. = institution
instruções f. pl. = instructions
inteligente = intelligent, clever
interessar = to interest
inteiro = entire, whole
intérprete m. = interpreter
intervalo m. = interval
introduzir = to introduce, bring in
  (see **apresentar**)
invasão f. = invasion

inveja f. = envy
irmã f. = sister
irmão m. = brother

J

janela f. = window
jardim m. = garden
jarra f. = vase
jornalismo m. = journalism
jovem m. = youth; (adj.) young
juiz m. = judge
julgar = to judge
— que = to think
junto = beside; together
juventude f. = youth

L

lá = there (out of sight) (Mus.) la
— fora = outside (there)
— para = about, around
lã f. = wool
lábio m. = lip
lado m. = side
    ao — de = next to
lago m. = lake
lágrima f. = tear
lamentar = to lament, regret
lápis m. = pencil
laranja f. = orange
largo = wide
lata f. = tin
latino m. = Latin
lavatório m. = wash-basin
legalizar = to legalize
legume m. (hortaliça f.) = vegetable
leite m. = milk
lembrança f. = souvenir
lembrar = to remember; to remind
lembrar-se de = to remember; to
    think of
lençol m. = sheet
— de banho m. = bath towel
ler = to read

levar = to carry; to take (away); to
    charge
leve = light
liberdade f. = liberty, freedom
libra f. = pound
lição f. = lesson
licença f. = licence, permission
    com — = excuse me
lidar = to deal with; to fight (bull)
limpar = to clean
lindo = beautiful
língua f. = language; tongue
linguado m. = sole
lisboeta m. = (of) Lisbon
lista f. = list
— telefónica f. = directory
livraria f. = bookshop
livre = free
livro m. = book
lixo m. = litter
    homem do — = dustman
loiça f. = chinaware
— de barro f. = earthenware
loiro m. = fair, blond
loja f. = shop
longe de = far from
lotação f. = holding capacity (in
    theatre, etc.)
lua f. = moon
luar m. = moonlight
lugar m. = place
luxo m. = luxury
    de — = de luxe
luz f. = light
    acender a — = to switch on the
        light
    apagar a — = to switch off the
        light
    dar à — = to give birth to

M

maçar = to disturb; to bore
maçador m. = boring
madeira f. = wood

mãe f. = mother
magro = thin
mais = more; most
mal = badly; hardly; ill
   fazer — = to harm
   não faz — = it doesn't matter;
    never mind
mala f. = suitcase
   fazer a — = to pack
mancha f. = spot, stain
mandar = to send, forward; to order
— fazer = to have (something) made
   to order
mangueira f. = hose
manteiga f. = butter
manter = to maintain, keep
mão f. = hand
maple m. = armchair
mar m. = sea
maravilhoso = marvellous
marca f. = brand
marcação f. = booking
marcante = strong; marked
margem f. = margin, bank, edge
marido m. = husband
marisco m. = sea-food
mármore m. = marble
mas = but
mau = bad
meados = middle (of month, year)
medida f. = measure
médio = medium
medo m. = fear
   estar com (ter) — = to be afraid
melhorar = to improve
menina f. = girl; you
menino m. = boy; you
menos = minus, less
— mal = not too bad
mesmo = same; self; even
— agora = just about
meter = to put in, to insert
mexer = to stir, move; to touch
ministério m. = ministry
minuto m. = minute

mistério m. = mystery
modificar = to modify, change
modo m. = way
   de certo — = in a way
   deste — = in this way
molho m. = sauce; gravy
moinho m. = mill
— de vento m. = windmill
montanha f. = mountain
morada f. (or endereço) = address
morar = to live, dwell
moreno m. = dark (f.) brunette
morrer = to die
mosca f. = fly
móvel m. = piece of furniture
móveis m. pl. = furniture
mudar = to change
mulher f. = woman; wife
— a dias f. = daily help
mútuo = mutual

N

nascente f. = spring
nascer = to be born
Natal m. = Christmas
   árvore do — f. = Christmas tree
   Pai — m. = Father Christmas
   véspera de — = Christmas Eve
náutico = naval
negociação f. = negotiation
negócio m. = business
nem = nor; neither
— sempre = not always
— todos = not all
noiva f. = fiancée; bride
noivo m. = fiancé; bridegroom
nome m. = name
norte m. = north
notar = to notice
novilho m. = young bull
número = number, figure
— impar = odd number
— par = even number
nunca = never

O

obedecer = to obey
ocasião f. = opportunity
oferecer = to offer
olhar para = to look at
olho m. = eye
ombro m. = shoulder
ontem = yesterday
ordem f. = order
osso m. = bone
ouro m. = gold
outro, outra, outros, outras = other, another
ovo m. = egg
— estrelado = fried egg
— mexido = scrambled egg
— quente = soft-boiled egg
  pôr um — = to lay an egg

P

paciência f. = patience
página f. = page
pai m. = father
panela f. = saucepan
pais m. pl. = parents
país m. = country
paisagem f. = landscape
paixão f. = passion
palavra f. = word
palestra f. = talk, lecture
palha f. = straw
pancada f. = blow; knock
  dar uma — = to bang
pão m. = bread
para = for; (in order) to; towards
paragem f. = (bus, etc.) stop
parar = to stop
parecer = to seem, appear to be
parecer-se com = to resemble someone
parede f. = wall
parque m. = park
— de estacionamento = car park

participar = to announce; to take part
partir = to leave; to break
  a — de = from
passado m. = past
passar = to pass, go by way of; to happen
  bem passado = well-done
  mal passado = underdone
passear = to walk, stroll
passeio m. = a walk; pavement (street)
passo m. = step, pace
pasta f. = briefcase
patrulhar = to patrol
pé m. = foot
  estar de — = to stand
  estar nas pontas dos pés = to be on tiptoes
  sem — = out of one's depth (in water)
  sem pés nem cabeça = without head or tail
pedido m. = request
pedra f. = stone
pegar em = to hold; to seize,
peito m. = chest, bosom, breast
peixe m. = fish
pena f. = sorrow; pain; feather
  estar com (ter) — = to be sorry
  valer a — = to be worth the trouble
pendurar = to hang (clothes, etc.)
pensar = to think, consider
— em = to think of, about; to intend
penso m. = dressing (wound)
perceber = to understand
  percebo = I see!
perdão m. = pardon
pergunta f. = question
perna f. = leg
personalidade f. = personality
perto de = near
pesado = heavy

pescar = to fish
pescador m. = fisherman
pessoa f. = person
pessoal m. = staff; (adj.) persona
pianista m. = pianist
pimenta f. = pepper
pinheiro m. = pine-tree
pires m. = saucer
planear = to plan
pobre = poor
poderoso = powerful
poeira f. = dust
poeirento = dusty
pois = then; so, because
— **não** = by all means
— **sim** = of course
política f. = politics; policy
político m. = politician
ponte f. = bridge
ponto m. = point, dot
   em — = promptly, on the dot
porcelana f. = porcelain
por cento = per cent
porém = but, yet, however
porta f. = door
portão m. = gate
possível = possible
possuir = to possess
potência f. = power
pouco = little; not much
poupar = to save
povo m. = people, inhabitants
praça f. = (public) square; market
— **de táxis** = taxi rank
— **de touros** = (bullfight) ring
praia f. = beach
prata f. = silver
prateleira f. = shelf
prato m. = plate, dish, course
pràticamente = practically; in fact
prazer = pleasure
   muito — = very pleased (how do
      you do)
precisar de = to need; to be neces-
      sary

preço m. = price
predilecto = favourite
prédio m. = block of flats
preencher = to fill up (forms, etc.)
preferir = to prefer
prender = to detain; to capture; to
      fasten
presente m. = present, gift
pressa f. = hurry
   est ·. **com (ter)** — = to be in a
      hurry
preto m. = black; Negro
príncipe m. = prince
princesa f. = princess
principiar = to begin
princípio m. = beginning
procurar = to look (for); to try
professor m. = teacher
prolongar = to prolong
prometedor = promising
prometer = to promise
próprio = own
proteger = to protect
próximo = next, near

Q

qualquer, quaisquer = any (one),
      whichever
quanto = how much
quarteirão m. = block (of houses);
      twenty-five
quase = almost
que = that; who; which
quê = what
   não tem de — = not at all
queixar-se = to complain
quem = who
— **me dera** = how I wish
quente = hot
   estar — = to be hot (weather or
      things)
   estar — = to have a temperature
      (people)
querido m. = dear; beloved

R

radiografar = to be X-rayed
rainha f. = queen
ramo m. = branch; bunch (flowers)
rapariga f. = girl
rapaz m. = boy
rápido = fast
raramente = seldom
razão f. = reason
  estar com (ter) — = to be right
realmente = indeed, in fact; really
rebentar = to burst
receber = to receive
recepção f. = receipt; reception
recomendar = to recommend
reconhecer = to recognize
recurso m. = resource
refeição f. = meal
regressar = to return
rei m. = king
religião f. = religion
relógio m. = watch, clock
relva f. = grass, lawn
relvado m. = lawn
requerer = to require; to apply
remédio m. = drug
  que — = what else
renovar = renew
reservar = to reserve
residência f. = residence
residir = to live, reside
respeito m. = respect
resolver = to solve; to decide
responder = to answer, reply
resposta f. = answer
  em — = in reply
resto m. = remains
  de — = besides
resumir = to summarize
revelar = to reveal; to develop (films)
rico = rich
rio m. = river
rir = to laugh

roda f. = wheel
romano m. = Roman
rosa f. = rose
roubo m. = robbery
roupa f. = clothes, clothing
— **de baixo** (or **interior**) = underwear
— **de casa** = linen
rua f. = street
ruído m. = noise

S

saco m. = bag
saída f. = exit
sair = to go out
sal m. = salt
salada f. = salad
saltar = to jump
saltear = to sauté; to skip (as pages in a book)
sangrar = to bleed
sangue m. = blood
santo m. = saint
sapato m. = shoe
saudade f. = nostalgia; homesickness
saudades f. pl. = regards
saúde f. = health
  à sua — = cheers (to your health)
se = if; whether; one (used impersonally)
século m. = century
secretária f. = desk; secretary
seda f. = silk
sede f. = thirst
  estar com (ter) — = to be thirsty
segredo m. = secret
seguir = to follow
  em seguida = next
selecção f. = assortment, selection
sem = without
semana f. = week
— **passada** = last week
sempre = always
senhor m. = gentleman

o senhor = you; Mr., gentleman
senhora f. = lady
  a senhora = you; Mrs., lady
  minha senhora = Madam
sentir = to feel
— **falta** = to miss (someone or something)
separado = separate
  em — = under separate cover
simpático = charming, nice
sinal m. = signal; deposit
situado = situated
  estar — = to be situated
sob = under, underneath
sobre = on, upon; about
sobremesa f. = dessert
sobrescrito m. = envelope
sobretudo = mainly; in particular
sobretudo m. = overcoat
sol m. = sun
solteiro m. = bachelor
som m. = sound
sombrio = gloomy; sombre
sonhar com = to dream of
sonho m. = dream
sopa f. = soup
sorte f. = fortune; fate
  estar com (ter) — = to be lucky
  estar com (ter) pouca — = to be unlucky
sotaque m. = accent (speech)
suave = soft
subir = to go up
sujo = dirty
sul m. = south
sumo m. = juice
surpreender = to surprise
surpresa f. = surprise
  de — = by surprise

T

tábua f. = plank
— **de engomar** f. = ironing board
talvez = perhaps

tão = so, such, as
tapete m. = rug
telefonista f. = telephone operator
tempo m. = weather; time
tencionar = to intend
tenro = tender (meat, etc.)
tentar = to try; to tempt
terminar = to finish
terno = tender (people)
terra f. = earth, land
terraço m. = terrace
testemunha f. = witness
tiragem f. = (postal) collection; number printed (books, newspapers, etc.); draught (chimney)
todo, toda, todos, todas = all, whole, entire
toldo m. = awning
tom m. = tone
tomate m. = tomato
tonto = dizzy; foolish
tornar a = to do again
tornar-se = to become
torrar = to toast
— **café** = to roast coffee
tostão m. = tostão (Portuguese coin)
tourada f. = bullfight
toureiro m. = bullfighter
touro m. = bull
trabalhar = to work
trabalho m. = work; job
traduzir = to translate
traje m. = costume
traseira f. = back, rear
tratar = to treat for; to deal with
tremendo = tremendous
triste = sad
tronco m. = trunk
tropa f. = troop
tudo = everything

U

ùltimamente = lately
último = last; recent

ultrapassagem f. = overtake
único = only, sole
usar = to use; to be fashionable
uva f. = grape

V

vaca f. = cow
valente = brave
valer = to be worth
— **a pena** = to be worth while
valor m. = value
varanda f. = balcony
variar = to vary; to assort
variedade f. = variety
vaso m. = flower-pot
vassoura f. = broom
velocidade f. = speed
vento m. = wind
Verão m. = summer
verdade f. = truth
— **na** — = actually, truly
verdadeiro = actual, true
verde m. = green; immature
vermelho (*or* **encarnado**) m. = red
vestir = to dress
vez f. = time, turn
  uma vez = once
  duas vezes = twice
  algumas vezes = sometimes
  várias vezes = several times
viajar = to travel

vida f. = life
vidro m. = glass
vila f. = village
vinho m. = wine
— **branco** = white wine
— **espumante** = sparkling wine
— **tinto** m. = red wine
— **verde** m. = slightly sparkling red
    or white wine
visitar = to visit, call on
viver = to live, be alive
vivo = alive
vizinho m. = neighbour
volta f. = turn
  dar uma — = to turn; to go for a
    short walk
  por — = around
voltar = to return; to turn
vontade f. = will
  de boa — = willingly
  de má — = grudgingly
  ter — = to feel like
Vossa Excelência = Your Excellency; you
Vossa Senhoria = you
voz f. = voice

Z

zangar = to be cross; to displease
zangar-se com = to get cross
zona f. = zone